Ich kann viel und das ist gut so!
Erkenne deine Stärken und entfalte dein volles Potenzial als
hochsensibles Multitalent
Jacqueline Knopp

Remote Verlag
www.remote-verlag.de

Jacqueline Knopp

Ich kann viel und das ist gut so!

Erkenne deine Stärken und
entfalte dein volles Potenzial
als hochsensibles Multitalent

Remote
Verlag

© 2021 Jaqueline Knopp

Das Werk ist urheberrechtlich geschützt. Jede Verwertung bedarf der ausschließlichen Zustimmung des Autors. Dies gilt insbesondere für die Vervielfältigung, Verwertung, Übersetzung und die Einspeicherung und Verarbeitung in elektronischen Systemen.

Bibliografische Information der Deutschen Nationalbibliothek

Die Deutsche Nationalbibliothek verzeichnet diese Publikation in der Deutschen Nationalbibliografie; detaillierte bibliografische Daten sind im Internet über http://dnb.dnb.de abrufbar.

Für Fragen und Anregungen:
info@remote-verlag.de

ISBN Print: 978-3-948642-32-7
ISBN E-Book: 978-3-948642-33-4

Originalausgabe
Erste Auflage 2021
© 2021 by Remote Verlag, ein Imprint der Remote Life LLC, Oakland Park, US

Projektleitung: Nico Hullmann
Manuskriptbearbeitung: Katrin Gönnewig, Nina Blank
Umschlaggestaltung: Wolkenart - Marie-Katharina Becker, www.wolkenart.com
Abbildungen im Innenteil: © Robse90 (Fiverr)
Satz und Layout: Wolkenart - Marie-Katharina Becker

Alle Rechte vorbehalten. Vervielfältigung, auch auszugsweise, nur mit schriftlicher Genehmigung des Verlages.

Abonnieren Sie unseren Newsletter unter: www.remote-verlag.de

Inhaltsverzeichnis

Haftungsausschluss

Die Verwendung der Informationen in diesem Buch und die Umsetzung derselben erfolgt ausdrücklich auf eigenes Risiko. Verlag und Autor können für etwaige Unfälle und Schäden jeder Art, die sich bei der Verwendung der Informationen ergeben (z. B. aufgrund fehlender Sicherheitshinweise), aus keinerlei Rechtsgrund die Haftung übernehmen. Haftungsansprüche gegen Verlag und Autor für Schäden jeglicher Art, die durch die Nutzung oder Nichtnutzung der Informationen bzw. durch die Nutzung fehlerhafter und/oder unvollständiger Informationen verursacht wurden, sind ausgeschlossen. Folglich sind auch Rechts- und Schadenersatzansprüche ausgeschlossen. Der Inhalt dieses Werkes wurde mit größter Sorgfalt erstellt und überprüft. Verlag und Autor übernehmen keine Haftung für die Aktualität, Richtigkeit und Vollständigkeit der Inhalte des Buches, ebenso nicht für Druckfehler. Es kann keine juristische Verantwortung sowie Haftung in irgendeiner Form für fehlerhafte Angaben und daraus entstandenen Folgen vom Verlag bzw. Autor übernommen werden.

Für die Inhalte von den in diesem Buch abgedruckten Internetseiten sind ausschließlich die Betreiber der jeweiligen Internetseiten verantwortlich. Verlag und Autor haben keinen Einfluss auf Gestaltung und Inhalte fremder Internetseiten. Verlag und Autor distanzieren sich daher von allen fremden Inhalten. Zum Zeitpunkt der Verwendung waren keinerlei illegalen Inhalte auf den Webseiten vorhanden.

Einleitung

Lange Zeit während meiner Kindheit, Jugend und auch noch im Erwachsenenalter habe ich mich gefragt, was eigentlich mit mir los ist. Wieso kann ich mich so schlecht zusammenreißen? Wieso geht mir alles so nahe? Wieso kann ich nie bei einer Sache bleiben und muss immer Neues anfangen?

Wenn du dieses Buch liest, geht es dir vermutlich in vielen Punkten ähnlich wie mir, denn du weißt entweder schon sicher, dass du ein hochsensibles Multitalent bist oder vermutest es zumindest.

Mein Buch ist das erste Buch, das nicht nur die Themen Hochsensibilität und Scanner*in-Persönlichkeit miteinander kombiniert, sondern im Detail auf die Herausforderungen eingeht, die Menschen mit diesen spezifischen Persönlichkeitsmerkmalen haben. Dazu gehört auf der einen Seite die typisch hochsensible Seite, bei der du dir Ruhe und Zurückgezogenheit wünschst. Sie konkurriert jedoch immer mit deiner anderen, multitalentierten Seite, die neugierig ist, sich neue Erfahrungen wünscht und viele Projekte auf einmal umsetzt. Die größte Herausforderung ist also die Balance zu finden, das heißt beide Seiten in Einklang zu bringen, was oft scheinbar unmöglich erscheint.

Manchmal stehen die hochsensible Seite und die multitalentierte Seite im Konflikt zueinander. Du möchtest zum Beispiel ganz viele Ideen umsetzen und bist voller Energie. Doch wenn dann einige Projekte so richtig ins Rollen geraten, wird dir alles zu viel und deine hochsensible Seite denkt sich, dass du gerade nur allein sein und alles wieder abblasen möchtest. Ich möchte in diesem Buch genau die Menschen ansprechen, die sich in beiden Aspekten wiederfinden.

Im Buch erfährst du alles über deine Persönlichkeit als hochsensibles Multitalent. Gleichzeitig teile ich meine Erfahrungen und Strategien mit dir, die dafür gesorgt haben, dass ich als hochsensibles Multitalent meine Stärken erkennen und mein Potenzial entfalten konnte, um glücklicher zu sein.

Ich freue mich von Herzen, dass du diese eher seltenen Persönlichkeitsmerkmale als hochsensibles Multitalent mit mir teilst (welcome to the club!).

Mit dem Gendersternchen möchte ich im Buch die Geschlechtervielfalt jenseits eines binären Geschlechtermodells sichtbar machen. Auch an Stellen, an denen ich auf einen Schrägstrich zurückgreifen musste, möchte ich dennoch alle Menschen ansprechen, die sich nicht im binären Geschlechtermodell wiederfinden können oder wollen.

Ich wünsche dir ganz viel Spaß beim Lesen!

Deine Jacqueline

Kapitel 1: Grundsätzliches über Hochsensibilität und viele Leidenschaften

In diesem Kapitel möchte ich die Persönlichkeitsmerkmale, die dich als hochsensibles Multitalent ausmachen, zunächst einzeln genauer beleuchten. Dazu widme ich mich zuerst dem linken, hochsensiblen Teil und gehe danach genauer auf den rechten Teil, also den Begriff des Multitalents, ein.

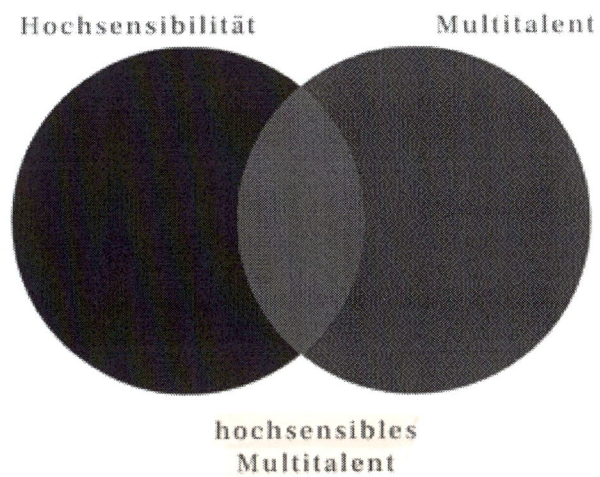

Im nächsten Kapitel beleuchte ich dann genauer, was hochsensible High Sensation Seeker ausmacht, also Menschen, die ich Multitalente nenne und die nicht nur hochsensibel, sondern auch vielseitig interessiert sind. Dieses Persönlichkeitsmerkmal kannst du in der Mitte der Grafik sehen, in der sich die beiden andere Aspekte überschneiden.

Hochsensibilität ist schon länger bekannt, wurde jedoch von der Öffentlichkeit erst so richtig wahrgenommen, als sich die amerikanische Forscherin Dr. Elaine

N. Aron diesem Phänomen widmete. Sie veröffentlichte nicht nur wissenschaftliche Arbeiten dazu, sondern auch populäre Bücher für die Allgemeinheit. Inzwischen sind unzählige Bücher und Artikel zum Thema *Hochsensibilität* erschienen und es wird immer bekannter.

Elaine Aron benutzt den Begriff „Highly Sensitive Person" (Abgekürzt HSP), der in ihren Büchern ins Deutsche mit „Hochsensible Menschen" (HSM) übersetzt wurde.

Was ist Hochsensibilität?

Circa 15 bis 20 Prozent der Menschen sind hochsensibel, das heißt sie haben ein empfindlicheres Nervensystem, das mehr Stimulation wahrnimmt. Mit Stimulation sind Reize gemeint, die von außen kommen können oder aus dem Inneren heraus entstehen. Innere Reize können zum Beispiel durch Hunger, Durst, Schmerzen oder sexuelle Bedürfnisse entstehen, aber genauso gut können auch Erinnerungen oder Gedanken Reize auslösen. Äußere Reize entstehen durch die Interaktionen, die wir mit der Außenwelt eingehen.

Die Stärke und Dauer von Reizen und wie intensiv wir sie erfahren, ist bei jedem Menschen individuell. Generell nehmen hochsensible Menschen bereits ganz feine Reize wahr, die bei nicht hochsensiblen Menschen noch nicht im Bewusstsein ankommen. Die gleiche Situation oder Erfahrung kann also für einen hochsensiblen Menschen viel anstrengender sein als für nicht hochsensible Menschen. Beim gleichen Reiz ist das Erregungsniveau des Nervensystems individuell unterschiedlich.

Das heißt, du bildest dir nicht ein, dass etwas für dich erschöpfender ist, und du stellst dich nicht an, wie es so gern zu hochsensiblen Menschen gesagt wird. Hochsensibilität wird meist vererbt, aber auch wie wir aufwachsen hat einen Einfluss darauf, wie die Hochsensibilität bei dir ausgeprägt ist.

Elaine Aron definiert Hochsensibilität anhand der folgenden vier Indikatoren:

- Verarbeitungstiefe
- Übererregbarkeit
- Emotionale Intensität
- Sinnessensibilität

Im Folgenden möchte ich kurz auf jeden einzelnen Faktor eingehen und beschreiben, was ihn ausmacht. Von außen kannst du bei anderen Menschen gut beobachten, ob sie eventuell hochsensibel sind, wenn du auf diese vier Faktoren achtest.

Verarbeitungstiefe

Hochsensible Menschen verarbeiten Erlebnisse und alle Informationen, die sie bekommen, sehr tiefgehend. Sie denken tendenziell noch lange und detailliert über vergangene Gespräche nach und können sich an den genauen Wortlaut einer Unterhaltung erinnern. Sie sind nachdenklich und philosophieren oft gern über das Leben und verschiedene Themen, die sie gerade beschäftigen. Bevor eine hochsensible Person spricht, beobachtet sie oft sehr aufmerksam und detailliert, was vorgeht, und denkt ausführlich darüber nach. Hochsensible Menschen haben eine schnelle Auffassungsgabe, da es ihnen leichtfällt, bereits Erlebtes mit neuen Eindrücken zu verknüpfen und alle Informationen, die sie besitzen, miteinander zu vernetzen.

Übererregbarkeit

Mit Übererregbarkeit ist ein Zustand gemeint, bei dem du als hochsensible Person über deine Grenzen gegangen bist und dein Nervensystem überlastet ist. Diese nervliche Erregung kann zum Beispiel wieder abklingen, indem du Pausen machst und dich erholst.

Überstimulation wird durch zu viele Reize ausgelöst, die aus dem Innen oder Außen stammen können. Dabei können schwächere Dauerreize genauso wie kurze, starke Reize zu einer Überstimulation führen. Jede Interaktion mit anderen Menschen und jede einzelne Aufgabe sorgt für Reize, die dein Nervensystem verarbeiten muss. Hochsensible Menschen nehmen viele kleine Details wahr. Sie haben mehr zu verarbeiten als nicht hochsensible Menschen, wenn sie unter Menschen sind, sich etwas in ihrem Leben verändert, sie mit komplexen Anforderungen umgehen oder sich in einem lebhaften Umfeld befinden.

Emotionale Intensität

Hochsensible erleben Emotionen sehr intensiv. Das kann sehr schön sein, da auch positive Emotionen besonders wertgeschätzt werden und sie oft sehr intensiv träumen und sich genau erinnern können. Doch auch negative Erfahrungen rufen eindringliche Emotionen hervor, die tief gefühlt und erlebt werden. Diese starken Emotionen entstehen durch das sehr intensive Empfinden von Erlebnissen. Für hochsensible Menschen mit einer überwiegend glücklichen Kindheit sind positive Gefühle wie Sehnsucht, Neugier und Vorfreude typisch und wirken oft motivierend.

Sinnessensibilität

Die verschiedenen Sinne, also das Fühlen, Schmecken, Riechen, Sehen und Hören, sind bei hochsensiblen Menschen besonders intensiv ausgeprägt. Welcher Sinn überdurchschnittlich feinfühlig ist, ist je nach Person unterschiedlich.

Zum Bereich Fühlen gehört auf der einen Seite die Haptik, also zum Beispiel die Stoffe auf der Haut oder die Etiketten an der Kleidung, die so sehr kratzen, dass es nicht auszuhalten ist. Auf der anderen Seite sind Hochsensible – wie erwähnt – sehr offen für emotionale Reize, was sie empathisch macht. Hochsensible sind für die Launen und Gefühlsäußerungen anderer Menschen sehr empfindsam.

Oft ist Essen ein wahrer Genuss für hochsensible Menschen, da sie außerordentlich intensiv und nuanciert schmecken können und diese Sinneserfahrung genießen. Viele hochsensible Menschen sind besonders geräuschempfindlich und müssen sich vor allem in der heutigen Zeit, die durch Autos, große Städte und Schnelligkeit geprägt ist, in diesem Bereich gut schützen. Eine sensible Ausprägung des Hörsinns kann sich auch darüber ausdrücken, dass Musik besonders genossen und wertgeschätzt wird und Hörbücher entweder bevorzugt werden oder schon zu viel des Guten sein können, also für Reizüberflutung sorgen.

Einige hochsensible Menschen haben eine äußerst feine Nase und merken sofort, wenn etwas im Raum nicht gut riecht und zum Beispiel ein Lebensmittel oder ein Blumenstrauß in einiger Entfernung verdorben ist. Dazu gehören natürlich auch intensive Gerüche wie Parfüm, die zum Teil sehr unangenehm für Hochsensible sind (besonders im öffentlichen Raum, wie im Zug).

Welche Sinne bei dir besonders sensibel sind, kannst du auch erkennen, indem du darüber nachdenkst, wie und worüber du dir besonders gut Dinge merken kannst. Ich kann zum Beispiel sehr gut lernen, wenn ich mir Audio-Aufnahmen anhöre, also über meinen Hörsinn. Gleichzeitig ist der Sinn bei mir so sensibel, dass ich nicht lange Musik oder Hörbuch hören kann, da ich dadurch auch schnell überreizt werde. Wie ist das bei dir?

Nachfolgend möchte ich noch einmal auf weitere typische Merkmale hochsensibler Menschen eingehen, die natürlich nicht alle auf dich zutreffen werden, aber sicherlich einige davon.
Hochsensible Menschen können sich im Allgemeinen sehr gut konzentrieren, wenn sie nicht abgelenkt werden. Sie sind umsichtig, gewissenhaft und schnell. Zudem sind sie talentiert darin, auf einen Blick Fehler zu erkennen (zum Beispiel Rechtschreibfehler oder Logikfehler). Sie tendieren generell dazu, ordentlich zu sein, und nehmen viele Details wahr, die anderen Menschen entgehen. Sie verarbeiten Informationen auf einer tieferen Ebene und grübeln viel. Oft lernen sie neue Dinge unbewusst, wie zum Beispiel bestimmte Abläufe. Hochsensible Menschen sind oft kreativ und eine große Herausforderung ist es, sich von den Gefühlen anderer Menschen abzugrenzen. Sie reagieren nicht nur auf Gerüche wie Parfüm empfindlich, sondern auch auf andere Dinge, die in der Luft liegen, wie zum Beispiel einen Wetterumschwung. Generell sind Hochsensible empfindlich in Bezug auf Koffein und Alkohol. Da davon oft viel konsumiert wird, kann es jedoch sein, dass sie sich an die Reaktionen ihres Körpers gewöhnt haben.

Zwei Gehirnsysteme sind aktiv: Das Verhaltenshemmsystem und das Verhaltensaktivierungssystem

Forschungen[1] haben gezeigt, dass unser Impuls, zu handeln, von zwei Gehirnsystemen kontrolliert wird. Alle Menschen haben beide Systeme; sie sind jedoch unterschiedlich aktiv.

Das erste System, das bei hochsensiblen Personen sehr aktiv ist und für die eben beschriebenen Persönlichkeitsmerkmale sorgt, wird Verhaltenshemmsystem (Behavioral Inhibition System, abgekürzt BIS) genannt. Wie der Name schon beschreibt, sorgt es dafür, dass wir vor einer Handlung innehalten und jede Situation genau überprüfen.

Das zweite System wird Verhaltensaktivierungssystem (Behavioral Activation System, abgekürzt BAS) genannt, und sorgt für das Persönlichkeitsmerkmal, das ich als Multitalent bezeichne. Wenn das Verhaltensaktivierungssystem sehr aktiv ist, strebst du nach Belohnung, bist generell neugierig, aktiv und schnell gelangweilt. Auf Englisch wird dieser Aspekt auch „Sensation Seeking" genannt. Dabei kann „Sensation" mit Reiz übersetzt werden, das heißt, Menschen mit einem erhöhten Verhaltensaktivierungssystem suchen immer wieder neue Reize.

Elaine Aron spricht von einer kleinen Gruppe hochsensibler Menschen, die sie „High Sensation Seeker" nennt, also Menschen, die hochsensibel sind und immer neue Reize suchen. Welche vier Tendenzen es dabei gibt, erfährst du in Kapitel 4 dieses Buches.

Die kanadische Autorin Barbara Sher hat 1994 Bücher dazu geschrieben, dass Menschen sogenannte Scanner*in-Persönlichkeiten sein können. Sie bezieht das Persönlichkeitsmerkmal darauf, dass diese Menschen viele verschiedene Interessen haben, sich nicht für eine Sache entscheiden können (bzw. möchten) und unglücklich sind, wenn sie es versuchen. Zahlreiche weitere Bücher haben sich

---

1 Vgl. Zuckerman, Marvin: Sensation Seeking: Beyond the Optimal Level of Arousal, New York: Psychology Press, 2015.

dem Thema *Scanner*in-Persönlichkeit* gewidmet, aber für die Beschreibung des Persönlichkeitsmerkmals oft andere Begriffe verwendet.

Es gibt keine empirischen Untersuchungen darüber, ob es sich bei High Sensation Seekern und Scanner*in-Persönlichkeiten um die gleiche Gruppe handelt. Meinen Erfahrungswerten nach handelt es sich um die gleiche Bevölkerungsgruppe, daher nenne ich diese Menschen in diesem Buch *hochsensible Multitalente*. Die Autorin Elaine Reichardt ist ebenfalls dieser Meinung und ihre beruflichen Erfahrungen zeigen ihr, dass bei High Sensation Seekern und Scanner*in-Persönlichkeiten vom gleichen Phänomen die Rede ist.

Ich habe mich für den Begriff *hochsensibles Multitalent* entschieden, da ich beim Wort *Scanner* direkt an das elektronische Gerät denken muss und ich nicht finde, dass das Persönlichkeitsmerkmal damit ausreichend erfasst wird. Der Begriff *Multitalent* hingegen wird auch umgangssprachlich genutzt. *Generalist*in* finde ich nicht passend genug, da er für mich in Gegensatz zum Spezialisten/zur Spezialistin steht und einen Menschen beschreibt, der/die ein*e Alleskönner*in ist. Multitalente können sehr spezialisiert sein und zum Beispiel Experte/Expertin auf drei oder vier Gebieten sein.

Beim Wort *Multitalent* denken viele Menschen oft daran, dass sie nicht von sich selbst behaupten würden, dass sie talentiert sind. Doch laut Duden ist ein Multitalent ein vielseitig begabter Mensch und ich finde, das passt ganz wunderbar.

Was macht ein Multitalent aus?

Du bist ein Multitalent, wenn du viele Interessen hast, denen du nachgehst. Du entflammst leidenschaftlich für eine neue Idee, ein neues Thema oder ein neues Projekt und stürzt dich in die Arbeit. Dabei erlebst du oft die typischen Flow-Momente, bei denen du die Zeit vergisst und voll und ganz in deinem Projekt aufgehst. Gleichzeitig hast du viele Ideen und Interessen und weißt nicht, wie du alles unter einen Hut bringen oder womit du anfangen sollst. Du denkst vielleicht auch, dass du nie genug Zeit haben wirst, all deine Ideen umzusetzen. Das kann dich teilweise lähmen und daran hindern, überhaupt mit einem Projekt anzufangen.

Mit der Intensität, mit der du das Projekt begonnen hast, lässt deine Motivation und Begeisterung nach einiger Zeit auch wieder nach und du kannst dich absolut nicht motivieren, das Projekt weiterzumachen. Von außen betrachtet kann es so aussehen, als ob du sprunghaft bist und viele Projekte nicht zum Ende bringst, doch für dich ist das Ende erreicht, wenn deine ursprüngliche Motivation nachlässt. Dann ist es Zeit für eine neue Idee und ein neues Projekt, für das du genauso brennst wie zuvor für das alte Projekt.

Ich finde das Beispiel einer Biene sehr passend, denn Multitalente bleiben – im übertragenen Sinne – nur so lange auf einer Blüte, bis sie zu einer anderen fliegen möchten, während viele andere Bienen so lange auf der Blüte sitzen bleiben, bis der ganze Nektar ausgesaugt ist.

Es ist sehr wichtig zu verstehen, was der eigentliche Grund dafür ist, dass du ein ganz bestimmtes Projekt angefangen hast? Was ist deine persönliche Motivation dahinter?

Nimm dir jetzt fünf Minuten Zeit und denke an die letzten Projekte, die du voller Leidenschaft begonnen hast. Denke vielleicht auch an ein Projekt, das du aufgegeben hast und überlege, was jeweils deine Motivation war, dich diesen speziellen Projekten zu widmen. Mache dir Notizen zu deinen Gründen und deiner Motivation.

Wenn du darüber nachdenkst, kannst du vielleicht bei einem Projekt erkennen, warum du damit angefangen hast. Und du verstehst dann auch, dass du dieses Ziel an dem Punkt erreicht hast, an dem du aufgehört hast. Für dich ist das Projekt an genau dieser Stelle sinnvollerweise beendet. Das ist der Grund, weshalb es von außen so aussehen könnte, als ob du nie etwas zu Ende bringst.
Für mich war diese Überlegung ein erster Schritt hin zu mehr Anerkennung mei-

ner Persönlichkeit als Multitalent, da ich mehr Frieden damit schließen konnte, die Lust an Projekten zu verlieren und Projekte zu Zeitpunkten zu beenden, die mir vorher wahllos erschienen.

Ich hatte zum Beispiel ein Projekt, bei dem ich Stempel selbst machen wollte. Meine Motivation – die mir zuerst natürlich nicht bewusst war – war es, wissen zu wollen, wie das funktioniert, und es auszuprobieren. Ich habe mir ein Set zum Selbermachen gekauft und losgelegt. Es hat Spaß gemacht und ich habe weitere Materialien auf meine Einkaufsliste für den Bastelladen geschrieben. Als ich ein paar Wochen später alles besorgt hatte, habe ich allerdings nie wieder einen Stempel hergestellt, denn ich hatte zu Beginn des Projekts aus meinen ersten Materialien schon zwei Stempel erstellt, erfahren wie es funktioniert und alles ausprobiert. Das heißt, für mich war mein Ziel schon erreicht, sodass alle weiteren – auch neue, ungenutzte – Materialien seitdem in einem Schuhkarton mit der Aufschrift „Stempelsachen" liegen.

Für Multitalente ist es typisch, neugierig und wissbegierig zu sein. Es kann sich dabei genauso um Wissen aus Onlinekursen, Büchern, Foren und YouTube-Videos handeln wie um Wissen aus der Universität, einer Ausbildung oder einer Fortbildung. Generell passt das Konzept „lifelong learning", also lebenslanges Lernen, perfekt zu Multitalenten, denn neue Dinge zu lernen und zu erfahren, macht uns glücklich. Wenn wir allerdings verstanden haben, wie etwas funktioniert, sind wir schnell gelangweilt. Darum sind endlose Wiederholungen und eintönige Routinearbeiten ein Graus für jedes Multitalent.

Als Multitalent bist du, wenn du eine neue Idee, einen neuen Job oder ein neues Projekt verfolgst, so voller Leidenschaft, dass du denkst, dass du dir das für lange Zeit vorstellen kannst und vielleicht sogar bis zu deinem Lebensende dabeibleiben möchtest. Das ändert sich allerdings schnell, denn du verlierst irgendwann die Lust daran und die intensive Leidenschaft wird durch eine neue Idee ersetzt.

Du denkst vielleicht immer noch, dass es das Beste wäre, wenn du dich für nur eine Sache entscheidest und dabeibleibst, doch ich kann dir versichern, dass das nicht der richtige Weg für Multitalente ist und das in der Realität auch nicht funktioniert. Wenn du wirklich darüber nachdenkst, kommt es dir vielleicht auch wie dein Albtraum vor, wenn du dein Leben lang nur einen Job machen darfst. Das Problem daran ist vor allem, dass es dich traurig macht und einengt, wenn du NUR eine Sache machen kannst, denn es fühlt sich so an, als ob du all deinen anderen Ideen und somit der intensiven Leidenschaft, mit der du sie umsetzt, den Rücken zukehrst.

Wichtig zu verstehen ist, dass du dich nicht für eine Sache entscheiden musst, sondern in deinem Leben viele Projekte, Jobs und Ideen parallel umsetzen kannst. Gleichzeitig ist nichts verkehrt mit dir und es gibt andere Menschen, die auch Multitalente sind und oft viele Ideen haben, neue Projekte anfangen und andere wieder aufgeben.

Ich persönlich finde allerdings, dass es sich auch als hochsensibles Multitalent lohnt, vor allem bei Ausbildung und Studiengängen zweimal zu überlegen, ob du aufhören möchtest. Wenn du zum Beispiel bereits ein- oder zweimal den Studiengang gewechselt hast, überlege, ob und wie du dich so motivieren kannst, dass du das Studium beendest, auch wenn du nicht immer Lust dazu hast. In Deutschland ist es immer noch so, dass ein Zertifikat viel wert ist, daher finde ich es hilfreich, zumindest eine Ausbildung oder einen Bachelor abzuschließen, um etwas nachweisen zu können.

Ich habe auch schon Studiengänge gewechselt und ein Masterstudium abgebrochen, das mir nicht gut gefallen hat, aber ich denke, dass eine gesunde Mischung zwischen Durchziehen und Aufhören wichtig ist. Es ist natürlich klar, dass fast jeder Mensch bei einer dreijährigen Ausbildung oder einem dreijährigen Bachelor irgendwann den Punkt erreicht, wo er/sie wenig bis gar keine Motivation mehr hat oder gerade ein Thema behandelt wird, das dir so gar nicht liegt.

Einer meiner Professoren hat immer gesagt, wenn es einfach ist, dann kannst du es bereits, d. h., in dem Moment, in dem dir etwas schwerfällt, erzielst du auch den größten Lerneffekt und hast am Ende das größte Aha-Erlebnis. Wenn es einfach wäre und du es schon könntest, müsstest du weder Zeit noch Geld in eine bestimmte Ausbildung investieren. Das fand ich motivierend, weil ich diese Erfahrung seitdem besser habe annehmen und an ihr wachsen können, wenn mir ein Fach oder eine Aufgabe schwerfiel.

Nachdem wir uns im Einzelnen damit beschäftigt haben, was Hochsensibilität ist und was Multitalente ausmacht, gehe ich im nächsten Kapitel genauer auf das Phänomen des hochsensiblen Multitalents ein.

Abgrenzung zu anderen Phänomenen

Hochsensibilität sowie viele Interessen zu haben wird manchmal auch als vielbegabt und/oder hochbegabt beschrieben, daher möchte ich nun einmal genauer auf den Unterschied zwischen Hochsensibilität und Hochbegabung eingehen.

Ich gehe davon aus, dass Multitalente manchmal als vielbegabt beschrieben werden, da sie viele Interessengebiete haben, auf denen sie sehr gut sind. Damit ist jedoch keine Hochbegabung gemeint.

Einige Aspekte wie die detaillierte Wahrnehmung und das vernetzte Denken beschreiben sowohl Hochsensibilität als auch Hochbegabung. Ich vermute, dass daher die Schwierigkeiten stammen, beide Phänomene auseinanderzuhalten.

Laut Elaine Aron sind 15 bis 20 Prozent der Menschen hochsensibel. Wenn man Hochbegabung mit einem in Deutschland standardisierten Intelligenztest, dem IQ-Test, misst, gilt ein Mensch mit einem Wert über 130 als hochbegabt und diesen Wert erreichen nur 2,27 Prozent der Bevölkerung.

Ulrike Hensel geht in ihrem Buch davon aus, dass es sich um zwei getrennte Phänomene handelt. Das sehe ich genauso. Hensel schreibt: „Während sich die Wahrnehmung bei Hochbegabten sehr stark auf eine Fülle von Sachinformationen und komplizierte logische Zusammenhänge bezieht, liegt der Schwerpunkt bei HSP häufig auf Sinneseindrücken und Emotionen (selbst subtilen) bei sich selbst und anderen. Hohe Empathiefähigkeit, emotionale Irritierbarkeit und Verletzlichkeit, typische Merkmale für HSP, sind keine Kennzeichen von Hochbegabung."[2] Diese Erklärung hilft dabei zu verstehen, was der Unterschied zwischen hochsensibel und hochbegabt ist. Hochsensible Menschen sind begabt darin, sehr viel wahrzunehmen, doch dies lässt sich nicht mit einem IQ-Test messen.

Ein weiterer Aspekt, der wichtig zu erkennen ist, ist die Unterscheidung zwischen einem erlittenen Trauma, das eine heftige emotionale Reaktion hervorruft, und emotionale Intensität, die durch die feine Wahrnehmung als hochsensible Person wahrgenommen wird. Du erkennst den Unterschied daran, dass deine Reaktionen nach einem Trauma überwiegend negativ sind, während hochsensible Menschen sowohl positive als auch negative Emotionen sehr intensiv erleben.

Nachdem ich jetzt auf die Themen Hochsensibilität und Multitalent einzeln eingegangen bin, möchte ich im nächsten Kapitel genauer beleuchten, wie es aussieht, wenn beide Persönlichkeitsmerkmale gleichermaßen ausgeprägt sind.

---

2 Vgl. Hensel, Ulrike: Hochsensible Menschen im Coaching, 1. Auflage, Paderborn, Deutschland: Junfermann Verlag, 2015, S. 73.

Kapitel 2: Was hochsensible Multitalente ausmacht

Wie bereits im vorherigen Kapitel erwähnt, liegt die besondere Herausforderung hochsensibler Multitalente darin, dass die beiden Gehirnsysteme, die unsere Handlungsimpulse kontrollieren, sehr aktiv sind. Das heißt, das Verhaltenshemmsystem ist durchschnittlich genauso aktiv wie das Verhaltensaktivierungssystem.

Wie sieht das in der Praxis aus? Dein Leben kann ziemlich extrem sein: Du kannst dich einmal extrem extrovertiert und dann wieder extrem introvertiert verhalten. Zum Beispiel hast du vielleicht eine Phase, in der du nur unterwegs und unter Leuten bist, viel Verantwortung trägst und tausend Projekte und Ideen umsetzt. Danach folgt eine Phase, in der du nur allein sein willst, dir alles zu viel ist und du dich in dein Schneckenhaus zurückziehst.

Wie lange welche Phase andauert, ist immer unterschiedlich, es kann zum Beispiel auch nur eine Woche sein. Dein Leben erscheint dir insgesamt wie ein ständiger Balanceakt. Wenn du zurückgezogen und nur mit Rücksicht auf deine hochsensible Seite lebst, wird dir langweilig und du willst raus und etwas erleben. Wenn du jedoch hauptsächlich deiner Seite als Multitalent nachgehst, setzt du zwar viele Ideen um und stößt viele Projekte an, sehnst dich aber gleichzeitig nach Ruhe und dem Alleinsein.

Die Balance zwischen zwei Extremen zu finden ist eine echte Herausforderung – das weiß ich auch aus eigener Erfahrung. Sobald ich etwas zur Ruhe gekommen war und einem regelten Job nachging, wurde mir langweilig und ich wollte unbedingt etwas erleben und reisen, obwohl es meiner hochsensiblen Seite in diesem Alltag gut ging. Ich habe gekündigt und bin mit meinem Freund nach Neuseeland gegangen. Dort angekommen, war meine multitalentierte Seite, die Neues erleben, wissen und lernen wollte, total begeistert und hat sich in die Organisation vieler Dinge gestürzt. Gleichzeitig hat meine hochsensible Seite mir nach einiger Zeit aufgezeigt, dass es zu viel für mich ist und das Leben im Van eine Dauerbelastung darstellt, bei dem ich meinem Bedürfnis nach Schutz und Ruhe nicht ausreichend nachkomme. Jeder Tag war unterschiedlich – manchmal war ich total erfüllt von den neuen Eindrücken und der schönen Natur, die wir erlebt haben. An anderen Tagen war mir alles zu viel und ich wollte am liebsten wieder ein eigenes, ruhiges Zimmer haben, in das ich mich hätte zurückziehen können, sodass ich erst einmal gar nichts mehr erlebt und keine Menschen getroffen hätte.

Die optimale Stimulation finden

Ich habe bereits erwähnt, dass laut Elaine Aron einer der vier Indikatoren für Hochsensibilität die Übererregbarkeit ist. Gleichzeitig möchten Multitalente neue Reize und suchen regelrecht danach. Jeder Mensch fühlt sich am wohlsten, wenn er möglichst oft und möglichst viel Zeit im mittleren Erregungsniveau verbringt, das die folge Grafik skizziert. Die Grafik zeigt das Yerkes-Dodson-Gesetz und beschreibt die kognitive Leistungsfähigkeit in Abhängigkeit vom allgemein-nervösen Erregungsniveau, das auch Aktivationsniveau genannt wird.

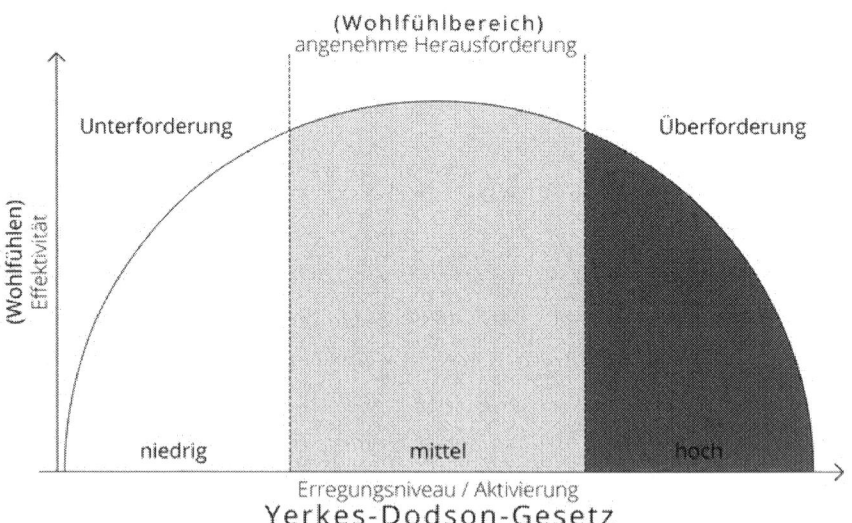

Im mittleren Erregungsniveau, das für jeden Menschen unterschiedlich aussieht, fühlst du dich wohl, bist leistungsfähig, kreativ und zufrieden. Du bist weder unter- noch überfordert.

Im ersten Teil der Kurve, dem unteren Erregungsniveau, hast du deine optimale Stimulation noch nicht gefunden. Dir ist langweilig, du bist frustriert, antriebslos und unterfordert. Als hochsensible Person kann dieser Bereich generell schnell verlassen werden, da du Reize intensiv wahrnimmst und dann schnell im mittleren Erregungsniveau landest.

Im Bereich des hohen Erregungsniveaus – ganz rechts auf der Kurve – landen hochsensible Multitalente oft ungewollt. Dort sind sie gestresst, weniger leistungsfähig, frustriert und überfordert.

Wie bereits beschrieben, versuchen hochsensible Multitalente den Balanceakt zwischen zwei Extremen hinzubekommen. Wenn du dann einmal deine Seite als Multitalent auslebst und viele Projekte ins Rollen bringst, kann es auch sein, dass es auf einmal zu viel wird und du vor lauter Flow-Erlebnissen und Begeisterung deine Bedürfnisse vernachlässigt hast und dich auf einem zu hohen Erregungsniveau befindest.

Die Grafik zeigt einen relativ großen Bereich in der Mitte. Dieser kann – zum Beispiel über den Tag verteilt – individuell allerdings auch kleiner und somit schwerer zu erreichen und zu halten sein. Am leistungsfähigsten sind alle Menschen im mittleren Bereich, das heißt, ich bin als Multitalent am leistungsfähigsten, wenn ich mehrere Projekte zur gleichen Zeit umsetze, was vielen Menschen vielleicht komisch erscheint, da bei ihnen das Gegenteil der Fall wäre. Nur so kann ich mein ideales Aktivationsniveau im mittleren Bereich erreichen, da ich sonst im niedrigen Bereich (Langeweile) bleibe.

Zuckerman erwähnt in seinem Buch[3], dass ein Reiz sich angenehm oder unangenehm anfühlen kann, je nachdem wie hoch dein aktuelles Erregungsniveau bereits ist. Mit deinem aktuellen Erregungsniveau ändert sich im Laufe des Tages

---

3 Vgl. Zuckerman, Marvin: Sensation Seeking: Beyond the Optimal Level of Arousal, Reprint Auflage: Routledge, 2016.

also auch deine optimale Stimulation. Dabei spielen zu jeder Zeit deine interne Verfassung, zum Beispiel ob du hungrig oder durstig bist, genauso eine Rolle wie externe Einflüsse.

Um möglichst oft die optimale Stimulation zu finden, ist es auch wichtig, Anzeichen von Überstimulation frühzeitig zu erkennen, um gegensteuern zu können und dich nicht langfristig zu überlasten.

Wie sehen Anzeichen von Überstimulation aus?

Überstimulation entsteht durch zu viele Reize, die aus dem Innen, wie Sinnesreize und Gefühlserleben, und aus dem Außen, wie beispielsweise laute Geräusche, kommen. Wenn du überstimuliert bist, fühlst du dich „über den Punkt" oder „aufgedreht". Du bist innerlich unruhig und fühlst dich unwohl, angespannt und unkonzentriert. Häufig schwirrt dir der Kopf oder du bekommst Kopfschmerzen. Durch die Überforderung und Überreizung bist du kognitiv nicht mehr so leistungsfähig und kannst Aufgaben nicht mehr so gut erledigen.

Hochsensible Multitalente sind generell empathisch und feinfühlig, doch bei Überstimulation verändert sich das Sozialverhalten und das Gegenteil kann der Fall sein. Vielleicht bist du dann unfreundlich, schlecht gelaunt, gereizt, abweisend, humorlos, nicht präsent, unaufmerksam und nicht mehr hilfsbereit. Wenn der Zustand extrem ist, kannst du wütend werden, „ausrasten" oder implodieren und nur noch teilnahmslos funktionieren.

Es ist wichtig, für dich zu sorgen und frühzeitig zu merken, wenn du dich als hochsensibles Multitalent überforderst. Lege dir deshalb Strategien zurecht, die dich dabei unterstützen den Zustand der Überstimulation wieder zu verlassen.

Die folgenden Strategien helfen vielen hochsensiblen Menschen, die sich auf einem zu hohen Erregungsniveau befinden:

- Rückzug und allein sein
- Ohrstöpsel/Ruhe
- in die Natur gehen
- Zeit mit Tieren verbringen
- meditieren
- wandern oder spazieren gehen
- Fahrrad fahren oder laufen gehen
- nachdenken und rumtrödeln
- mit einem Menschen besprechen, wie es dir gerade geht
- etwas Proteinhaltiges essen, um deinen Blutzuckervorrat aufzufüllen
- Spiritualität (falls das etwas für dich ist)

Wenn du als hochsensibles Multitalent ein Morgenmensch bist, hast du morgens sehr viel Energie, die du für dich nutzen kannst. Oft kommt es jedoch vor, dass deine Energie am Nachmittag abflacht und es sehr anstrengend und überstimulierend sein kann, wenn du morgens noch herausfordernde Aufgaben erledigst. Diese Überstimulation und die daraus resultierende Erschöpfung merkst du allerdings meist erst mit einer Verzögerung, zum Beispiel am Abend.

Generell ist es so, dass hochsensible Menschen nicht immer gleichbleibend viel Energie haben, während nicht hochsensible Menschen auch oft abends und morgens noch fit sind, egal ob sie Abend- oder Morgenmenschen sind. Achte bei deinem Tagesablauf unbedingt darauf, dass du gut mit deiner mentalen und physischen Energie haushaltest.

Tipp: Du kannst am Abend einen kleinen, kurzen Rückblick auf deinen Tag werfen und bewerten, wie gut du über den Tag hinweg deine mentale und physische Energie eingeteilt hast. Auf diese Weise erkennst du, wie du deinen Tagesablauf ggf. anpassen kannst, sodass es dir (noch) besser geht.

Reflexionsfragen:

- Wann warst du das letzte Mal überstimuliert, vielleicht auch überraschenderweise?
- In welchen Situationen gehst du oft über deine Grenze und bist dann übererregt?
- Was sind deine Taktiken, um „herunterzufahren", wenn du überstimuliert bist? Würdest du sagen, dass sie gut funktionieren und als Taktiken in Ordnung sind oder könntest du etwas anderes versuchen?

Extreme als hochsensibles Multitalent

Andrea Brockmann (Buch: Jenseits der Norm) spricht auch von Grenzgänger*innen, die sich in verschiedene soziale Schichten einfügen können, wie zum Beispiel auf der einen Seite im Milieu und auf der anderen Seite im philosophischen Debattierzirkel. Gleichzeitig beschreibt sie einen Menschentypus, der so manche Sichtweise stark verteidigt und anschließend das genaue Gegenteil behauptet und dafür viele Argumente findet.

Ich kann mir vorstellen, dass einige hochsensible Multitalente Grenzgänger*innen sind, denn die Hochsensibilität sorgt dafür, dass sie sehr empathisch sind und ihnen ein Perspektivenwechsel in die Lebensrealität oder Argumente und Sichtweisen anderer Menschen sehr leichtfällt. Gleichzeitig braucht es die für „High Sensation Seeker" die typische Neugierde und den Wunsch nach neuen Reizen, neuen Erfahrungen und Abenteuern, um Grenzgänger*in zu sein und sich in verschiedenen sozialen Gruppen aufzuhalten, die vielleicht nicht alle zur Komfortzone gehören.

Ich erinnere mich an eine Geschichte, bei der mir diese Wandelbarkeit und der Wechsel zwischen verschiedenen sozialen Gruppen innerhalb kürzester Zeit besonders aufgefallen ist. Ich war einige Monate in Kenia und habe dort zuerst ein Praktikum bei der Deutschen Botschaft in Nairobi gemacht und war anschließend als Trainee bei der EU Delegation zu Somalia angestellt. Anschließend bin ich für kurze Zeit zurück in die Nähe von Bremen gekommen, um meine Familie zu besuchen und etwas Geld zu verdienen. Ein paar Tage nach meiner Ankunft hat es sich direkt so ergeben, dass ich als Kellnerin in einem Dorf auf einem Schützenfest einige Tage hintereinander rund um die Uhr gearbeitet habe, um zwischendurch etwas Geld zu verdienen.

Auf einmal wurde nicht mehr Englisch und Französisch gesprochen, sondern nur noch Deutsch (mit typischen Redewendungen der Region). Die Menschen haben sich in jeder Hinsicht anders verhalten. Es gab andere Rituale, die typisch waren und gezeigt haben, dass jemand dazu gehört.

Was typisch für mich als Grenzgängerin ist: Wenn ich der einen Gruppe erzählen würde, dass ich jetzt gerade in einem Dorf auf dem Schützenfest arbeite, könnten sie sich das schwer vorstellen. Genauso brauche ich auf dem Schützenfest niemandem etwas über Nairobi und das letzte Treffen mit einem somalischen Minister und einem Mitarbeiter der Weltbank erzählen. Das heißt, ich überlege mir als Multitalent sowieso schon oft genug, was ich wem erzählen kann, damit ich Menschen nicht zu sehr überfordere oder verwirre. Wenn ich mich zusätzlich als Grenzgängerin identifiziere, weil ich schnell zwischen sozialen Schichten wechsle, gilt dies umso mehr für mich.

Für mich ist es spannend, mich in verschiedenen Gruppen aufzuhalten und zu beobachten, wer sich wie verhält – ganz ohne Wertung. Ich finde es einfach interessant zu erfahren, wie unterschiedlich die Lebensrealitäten der Menschen sind und was für wen normal ist. Statt Grenzgänger*in würde vielleicht das Wort Chamäleon auch gut passen. Geht es dir als hochsensibles Multitalent auch so?

Hochsensibles Multitalent: Diese 4 Tendenzen gibt es

Wie im vorherigen Kapitel erwähnt, beschäftigt sich Dr. Elaine Aron mit einem kleinen Anteil hochsensibler Menschen, die neugierig sind und neue Reize suchen. Sie bezeichnet diese Personen, die ich hochsensible Multitalente nenne, als „High Sensation Seeker." Beim Begriff „Sensation Seeker" bezieht sie sich auf

Forschungen von Marvin Zuckerman. Im Folgenden möchte ich aufbauend auf den Forschungen von Zuckerman vier verschiedene Typen hochsensibler Multitalente vorstellen.

Zuckerman definiert „Sensation Seeking" allgemein als Charakterzug, der sich durch das Bedürfnis nach unterschiedlichen, neuartigen und komplexen Reizen, Empfindungen und Erfahrungen auszeichnet. Um diese neuen Reize zu spüren oder Erfahrungen zu machen, werden physische und soziale Risiken in Kauf genommen. Je nachdem, welches hochsensible Multitalent du bist, wirst du eher zu einem der folgenden Typen tendieren, als zu einem anderen. Insgesamt kann es aber auch gut sein, dass du alle vier Tendenzen bei dir wiedererkennst, sie dich jedoch unterschiedlich stark beeinflussen.

1. Thrill & adventure seeking / Nervenkitzel und Abenteuer

- Du gehst gern Extremsportarten nach, wie Bergsteigen, Downhill-Mountainbike fahren, Snowboarden, Wasserski fahren, Tauchen, Paragliding, Fallschirmspringen oder Surfen. Wenn du zum Beispiel Ski fährst, machst du das auch gern sehr schnell.

- Du machst generell gern Dinge, die ein bisschen angsteinflößend sind. Du liebst das Adrenalin, das dabei ausgeschüttet wird.

- Du kannst dir vorstellen Dinge zu tun, vor denen andere Leute Respekt haben, denn du denkst dabei hauptsächlich an die neue, spannende Erfahrung und das Risiko ist dir egal bzw. du siehst es in dem Moment nicht.

2. Experience seeking / Erlebnis- und Erfahrungssuche

- Du suchst nach Erregung durch den Verstand und die Sinne, hervorgerufen durch einen unkonventionellen Lebensstil. Dieser Lebensstil wird oft alternativ, romantisch oder Bohème genannt oder die Menschen werden als Hippies beschrieben.

- Du hast den Wunsch nach spontanem und ungeplantem Reisen.

- Du hast Sehnsucht nach unterschiedlichen Erfahrungen, ob durch externe Reize wie Musik, Kunst und Reisen oder interne Reize z. B. durch Drogen.

Du magst den Geruch der Erde und triffst dich gern mit Menschen, die interessant und auf eine Art anders und unkonventionell sind. Du magst es, unbekannte Städte oder einen Teil deines Wohnorts zu erkunden, den du noch nicht kennst, auch wenn du dich dabei vielleicht verläufst. Du genießt es, Essen zu probieren, das du noch nie geschmeckt hast und du magst es, dich treiben zu lassen. Bei einer Reise muss für dich nicht alles durchgeplant sein, du besuchst intuitiv Orte und erkundest neue Flecken. Du erkennst oft Schönheit in scheinbar nicht zusammenpassenden Farben, Mustern und Formen und findest generell, dass alle sich individuell so anziehen sollten, wie sie möchten, egal wie das aussieht und was für einen Eindruck es auf andere Menschen macht.

3. Disinhibition / Enthemmung

- Du gehst gern feiern und trinkst dabei mit Vorliebe Alkohol. Du spielst gern und findest Wetten spannend. Du interessierst dich für sexuelle Erfahrungen.

Du magst wilde Partys und du feierst gern exzessiv und regelmäßig. Für dich ist eine Party gelungen, wenn die Gläser immer voll sind. Du genießt dabei, die neuen, aufregenden Gefühle und es macht dir auch nichts aus, wenn etwas davon am Rande der Legalität ist. Du datest gern Menschen, die du körperlich aufregend findest. Du findest, dass jeder Mensch viele sexuelle Erfahrungen sammeln sollte, vor allem bevor er/sie heiratet. Wenn du Filme schaust, gefallen dir vor allem Szenen, die du sexy findest. Du könntest dir eine Art Jet-Set-Leben vorstellen.

4. Boredom susceptibility / Anfälligkeit für Langeweile

- Du kannst es überhaupt nicht leiden, wenn sich Erfahrungen wiederholen. Routinearbeiten sind für dich eine Qual.

- Du hast eine Abneigung gegenüber langweiligen und stumpfen Menschen.

- Du fühlst dich extrem rastlos, wenn du das Gefühl hast, dem Hamsterrad nicht entkommen zu können, wie zum Beispiel in einem Vollzeitjob, der aus vielen, immer gleichen Routinearbeiten besteht. Beständigkeit ist für dich nicht erstrebenswert.

Dir gefällt es gar nicht einen Film noch einmal zu schauen, den du schon gesehen hast. Wenn du immer nur die gleichen Gesichter siehst, langweilst du dich. Wenn du bei einem Buch schon zu Beginn vorhersehen kannst, wie es endet, ist es für dich absolut nicht das Richtige. Du findest Menschen langweilig, bei denen du mit genauer Wahrscheinlichkeit vorhersagen kannst, was sie sagen werden und wie sie sich verhalten werden. Du hast auch wenig Geduld mit diesen Menschen. Wenn jemand dir ein selbstgerechtes Reisevideo oder Bilder von einer Reise zeigt, hast du eigentlich gar kein Interesse. Dir gefällt es, wenn deine Freunde sich unvorhersehbar verhalten. Du bevorzugst Personen mit einer scharfen Zunge, auch wenn diese vielleicht einmal zu weit gehen und dabei jemand verletzt wird. Wenn du lange zu Hause bist, wirst du rastlos.

Natürlich sind die Beschreibungen der vier Tendenzen zugespitzt und extrem, sodass es leichter ist, dich in der Beschreibung wiederzufinden.

- Erkennst du dich in einer oder mehreren der vier Tendenzen Nervenkitzel und Abenteuer, Erlebnis- & Erfahrungssuche, Enthemmung und Anfälligkeit für Langeweile wieder?
- Wie würdest du die Tendenzen bei dir einstufen (von 1 bis 4)?
- Hast du auch schon einmal gemerkt, dass du zum Teil in Extremen lebst?
- Inwiefern wechseln sich bei dir deine hochsensible und deine vielseitig interessierte Seite ab? Wann und wie kannst du das beobachten?

Kapitel 3: Und was machst du beruflich?

Für viele hochsensible Multitalente ist der berufliche Bereich eine Herausforderung, darum möchte ich mich in diesem Kapitel nur diesem Thema widmen. Ich habe letztens ein altes Freundebuch wiedergefunden, in dem ich bei der Frage „Was willst du werden?" 13 Fragezeichen in verschiedenen Farben gemalt habe. Genauso ist es manchmal ein Rätsel, wie ich auf die Frage „Und was machst du beruflich?" antworten soll.

Je nachdem, wer mich fragt, nenne ich dann einen Aspekt oder einen Bereich, der mir passend und verständlich erscheint. Manchmal sage ich auch nur, dass ich alles Mögliche mache in meiner Selbstständigkeit und gebe ein paar Beispiele. So ist mein Gegenüber nicht verwirrt.

Eine Übung, die ich sehr hilfreich finde, ist die Folgende:

Nimm dir verschiedene Zettel und schreibe auf jeden Zettel ein Projekt, das du in der Vergangenheit umgesetzt hast oder an dem du aktuell arbeitest. Der Begriff „Projekt" ist weitläufig gefasst, und umfasst auch Hobbys oder Jobs, die du bereits gemacht hast. Es können also sehr viele Zettel zusammenkommen.
Anschließend sortierst du die Zettel nach Themenbereichen und versuchst eine für dich sinnvolle Struktur zu finden. Du kannst Gemeinsamkeiten erkennen und Überschriften für die jeweiligen Bereiche finden.
Am Ende hast du zum Beispiel vier oder fünf Bereiche, die deine Interessengebiete widerspiegeln. Das funktioniert super, auch wenn du zu Beginn denkst, dass all deine Interessen und bisherigen Projekte und Jobs komplett unterschiedlich sind.

Mithilfe dieser Übung bekommst du als hochsensibles Multitalent mehr Klarheit über deine privaten und beruflichen Interessen, die sich oft überschneiden.

Eine andere Übung, die ich dir empfehlen kann, ist die Übung „6 Leben":
Wenn du zusätzlich zu deinem aktuellen Leben sechs weitere Leben hättest,
was würdest du dann machen? Wärst du Reisende*r, Bundeskanzler*in oder
Radiomoderator*in? Deiner Fantasie sind bei dieser Übung keine Grenzen gesetzt (und die Leben müssen dir nicht realistisch erscheinen):

1.
2.
3.
4.
5.
6.

Wenn du dir sechs weitere Leben überlegt hast, kannst du dir als nächsten Schritt
überlegen, welcher Wunsch, welches Bedürfnis oder welche Sehnsucht dahinter-
steht. Wieso wünschst du dir Leben 1? Was erscheint dir an diesem Leben besonders erstrebenswert?

Notiere jetzt für alle sechs Leben, was sich für dich dahinter verbirgt:

1.
2.
3.
4.
5.
6.

Ich finde es übrigens als hochsensibles Multitalent realistisch, all diese Leben oder
die Bedürfnisse, Sehnsüchte und Wünsche dahinter zu leben. Du kannst ja auch
hintereinander verschiedene Jobs oder Projekte umsetzen, anstatt alles auf einmal
auszuleben.

Auch als hochsensibles Multitalent kannst du dir dein Leben so gestalten, wie es zu dir passt und wie du es dir wünschst. Dabei ist es wichtig zu schauen, was du beruflich und was du privat in dein Leben integrieren möchtest, denn du musst nicht jedes neue Hobby zum Beruf machen. Ich erachte es allerdings als wichtig, Zeit und Raum für deine Leidenschaften und für neue Ideen zu haben.

Es gibt viele Möglichkeiten, denn du kannst einige Projekte parallel laufen haben, zum Beispiel indem du angestellt und freiberuflich arbeitest und in beiden Bereichen unterschiedlichen Projekten und Aufgaben nachgehst. Wenn du Projekte lieber nacheinander machen möchtest, kannst du ein halbes Jahr privat oder beruflich ein Projekt verfolgen und dich anschließend einer neuen Sache zuwenden.

Wenn du weißt, dass du nicht gern lange bei einem Projekt dabeibleibst, kannst du das schon von vornherein so planen und einen Job anstreben, bei dem du zum Beispiel nur ein Jahr an einem bestimmten Projekt in einem Unternehmen arbeitest.

Zudem gibt es heutzutage die Möglichkeit, beruflich Online- und Offline-Projekte zu mischen. Das kann gerade deiner hochsensiblen Seite guttun, denn durch Online-Projekte hast du wenig bis gar keinen direkten Kontakt mit Menschen vor Ort, das heißt, sie kosten dich weniger Energie. Zudem lieben viele Multitalente Flexibilität, daher sind berufliche Projekte, die du von jedem Ort der Welt aus weiterführen kannst, eine gute Idee.

Falls du in verschiedenen Berufen und Branchen arbeitest, Unterschiedliches studiert hast oder dich in immer neuen Bereichen fortbildest, du also einen „verrückten" und krummen Lebenslauf hast, der vor Ideen und verschiedenen Aufgaben und Feldern nur so sprudelt, möchte ich jetzt einmal mit dir teilen, was ich unter anderem bisher alles gemacht habe. Wenn ich mich auf ein Projekt bewerbe, strukturiere ich meinen Lebenslauf oft anders oder lasse unwichtige Teile weg, sodass er auf den jeweiligen Job oder das Projekt zugeschnitten ist.

Von Skilehrerin bis Projektmanagerin war alles dabei. Ich habe zum Beispiel als Kinderbetreuerin, Verkäuferin in einem Kleidungsgeschäft, Praktikantin bei der Deutschen Botschaft, Testkäuferin, online im Kundensupport und als Ghostwriterin, als stellvertretende Kursleitung eines Sommerkurses sowie als Freiberuflerin im Eventmanagement gearbeitet. Studiert habe ich verschiedene Fächer, zum Beispiel habe ich „Internationale Beziehungen und Internationale Organisationen" an der Universität Groningen in den Niederlanden studiert. Wir hatten zum Beispiel Fächer wie internationales Recht, Wirtschaftswissenschaften oder Geschichte der internationalen Beziehungen. Zudem habe ich Französische Philologie und Politikwissenschaften studiert und hatte Fächer wie Sprachwissenschaft, Literaturwissenschaft und Übersetzen.

Du siehst, du bist also nicht allein, denn auch mein Lebenslauf ist bunt und könnte als krumm bezeichnet werden. Ich hatte bisher noch nie Probleme mit meinem bunten Lebenslauf und ich denke ein wesentlicher Faktor ist, dass ich es selbst nicht als Nachteil ansehe, sondern darin auch viele Vorteile erkenne, da ich so viele unterschiedliche Erfahrungen gemacht habe.

Manchmal ist es bei Multitalenten so, dass sie einen bestimmten Bereich oder ein bestimmtes Unternehmen gefunden haben, der ihnen als Meister*in dient. Sie bleiben dort, da es immer Neues zu lernen gibt.

Generell kann ich allerdings sagen, dass ich akzeptiert habe, dass es nicht „die eine Berufung" für mich als Multitalent gibt. Meine Berufung ist es eher, verschiedene Stärken von mir auszuleben, verschiedene Erfahrungen zu machen und verschiedene Projekte in die Welt zu bringen. Als hochsensibles Multitalent denkst du immer wieder „das ist jetzt die eine Sache, die ich ewig machen werde", da du zu Beginn bei neuen Projekten oder einem neuen Job Feuer und Flamme bist. Deine Leidenschaft und dein Engagement sind grenzenlos und das ist auch toll. Es ist allerdings genauso natürlich, dass du dich nach einer kürzeren oder längeren Zeitphase nach etwas Neuem und einer neuen Herausforderung sehnst. Das ist immer so, doch die neue Herausforderung kann auch in einem ähnlichen Interessengebiet liegen, dem du dich zuvor schon einmal gewidmet hast.

Ob du diesen neuen Input dann privat oder nebenberuflich suchst und umsetzt und einen Job behältst, der, wie Barbara Sher sagt, gut genug ist, das ist deine eigene Wahl. Was ist damit gemeint? Ein Job, der gut genug ist, ist zum Beispiel der Job von Albert Einstein im Patentamt gewesen. Er hatte dadurch feste Arbeitszeiten und ein festes Gehalt. Die Arbeit hat ihn jedoch nicht so sehr gefordert und ausgelaugt, daher hatte er noch Zeit und Energie sich nebenbei seinen Erfindungen zu widmen. Es ist auch gut, wenn die eine Tätigkeit vielleicht eher praktisch ist und die andere eher theoretisch oder wenn der „ausreichende" Job eher monoton ist, da du in deiner anderen Tätigkeit kreativ bist.

Diese Aufteilung mit dem Job, der ausreichend, zufriedenstellend und gut genug ist, als Grundlage und allen weiteren Projekten, die deinem Herzensweg entsprechen, als Ergänzung, ist nur ein Beispiel, wie du dein Arbeitsleben als Multitalent gestalten kannst.

Eine andere Idee für Multitalente ist ein Schirmberuf oder ein Überbegriff, der als Schirm dient, und unter dem du alle deine Leidenschaften und beruflichen Tätigkeiten sammeln kannst. Viele Soloselbstständige nutzen diese Art zu arbeiten. Dabei sind sie selbst oft die Marke, sodass sich neue Projekte und Interessen leicht mit der Marke und den alten Projekten verknüpfen lassen.

Laut Barbara Sher gibt es verschiedene Scanner*innen-Typen, die sich insgesamt in zwei Lager aufteilen lassen: Die zyklischen Scanner*innen und die Sequenz-Scanner*innen.

Zyklische Multitalente haben circa vier bis fünf Interessengebiete, sodass sie immer voller Leidenschaft zu einem der Gebiete weitergehen, wenn sie an einem anderen Gebiet gerade das Interesse verloren haben. Einige wenige haben nur zwei Interessengebiete, doch die Mehrheit hat vier oder fünf. Je mehr Interessen du hast, desto höher ist vermutlich auch die Rate, mit der du die Wechsel vornimmst bzw. mit der dir neue Ideen kommen.

Wenn ein*e zyklische*r Scanner*in zum Beispiel zwei oder drei Interessen hat, kann er/sie sein Jahr so aufteilen, dass er/sie je nach Saison einem anderen Job nachgeht, wie zum Beispiel als Tauchlehrer*in oder Skilehrer*in zu arbeiten und die andere Hälfte des Jahres einem Bürojob nachzugehen. Dadurch entsteht Abwechslung und du kommst verschiedenen Interessen nach, an denen du nach einiger Zeit ein wenig die Lust verlierst, aber die wieder spannend werden, wenn du in der Zwischenzeit an etwas anderem gearbeitet hast.

Sequenz-Scanner*innen widmen sich keinen Themen, die sie bereits kennen, sondern sie schließen Projekte oder berufliche Stationen ab, um sich dann einem ganz neuen Thema zu widmen, das sie noch gar nicht kennen. Beruflich ist es daher wichtig, deinen Absprung aus dem neuen Job oder vom Projekt schon frühzeitig zu planen. Ideal ist es natürlich, wenn du dort sowieso von vornherein nur eine kurze Zeit gebraucht wirst und das Projekt so angelegt ist, dass es zu deinem idealen Zeitraum passt.

Ich zum Beispiel mache es aktuell als Multitalent so, dass ich 13 Stunden in der Woche angestellt in einer Grundschule arbeite und dort meinem Wunsch nachkommen kann, mit Menschen zu arbeiten und sie zu unterstützen. Gleichzeitig bin ich freiberuflich tätig und arbeite gerade als Autorin an diesem Buch.

Zudem führe ich Interviews für meinen Podcast und gebe auch ab und zu Interviews für andere Podcasts. Ich bin auch auf Instagram aktiv. Als ganzheitlicher Coach gebe ich Online-Workshops und 1:1-Coachings. In Zukunft kann ich mir vorstellen, einen Onlinekurs oder eine Mastermind-Gruppe zu erstellen, in dem ich meine Erfahrungen und mein Wissen teile, der aus Übungen besteht und in dem es regelmäßigen Austausch durch Treffen gibt, die online stattfinden. In diesem Teil meiner Arbeit lebe ich also meine Kreativität aus und setze viele Ideen um, die ich habe. Ab und zu gebe ich auch Workshops vor Ort und Sprachkurse, wie zum Beispiel Niederländisch- und Englischkurse für Erwachsene bei der VHS.

Mein Arbeitsmodell besteht aus verschiedenen Projekten, von denen einige eine kürzere und andere eine längere Laufzeit haben. Insgesamt kann ich aber alle Projekte austauschen oder beenden, was mich als Scannerin glücklich macht, da ich dann auch neue Projekte anfangen kann. Ich hätte zum Beispiel auch Lust nächstes Jahr als kleines Projekt Kaffee mit einem Kaffeefahrrad auf einem Markt zu verkaufen – doch wer weiß, ob und wie ich diese Idee in Zukunft umsetze.

Ich versuche für mich eine Mischung zu finden, sodass ich Zeit habe, in der ich ganz allein im Homeoffice arbeite, was für mich als hochsensible Person sehr wichtig ist. Gleichzeitig möchte ich gern etwas erleben und mit Menschen arbeiten, daher ist mein Nebenjob in der Grundschule als Ausgleich ideal. Am wichtigsten ist es mir, gut auf meinen Energiehaushalt zu achten. Dazu gehört es auch, regelmäßig in mich hineinzuspüren und zu schauen, ob ich überwiegend mit positiven Emotionen aus der Schule nach Hause komme oder ob es mir eher nicht gut tut dort zu arbeiten. Ein weiterer wichtiger Bestandteil ist für mich das Thema Lernen, da es für mich zu einem ausgeglichenen Arbeitsleben dazugehört, mich mal mehr und mal weniger weiterzubilden und Neues zu lernen. Ich liebe den Begriff *lebenslanges Lernen*, denn das ist genau das, was ich in mein Leben integrieren möchte.

Ich denke es ist in jedem Fall extrem wichtig für hochsensible Multitalente, den Ideen nachzugehen, die du hast, und sie auch umzusetzen, denn das sorgt dafür, dass du glücklicher bist – egal, ob du durch die Umsetzung viel Geld verdienst oder gar nichts.

Es ist sehr wichtig in die Umsetzung zu gehen und deine Ideen und Interessen auszuleben, denn dadurch kommst du im aktuellen Moment an und kannst dein Leben genießen. Du hängst mit deinen Gedanken dann weder in der Vergangenheit fest noch in den Köpfen von anderen Menschen oder in der Zukunft. Der Prozess ist also das Ziel und dadurch bist du glücklich. Das kann zum Beispiel bedeuten, dass du eine Zusatzausbildung absolvierst, das Gelernte jedoch nie wieder anwendest. Das Lernen selbst ist dein Ziel und das genießt du. Das ist in Ordnung, denn als hochsensibles Multitalent möchtest du einfach neue Erfahrungen machen und neues Wissen in dich aufsaugen. Das hast du getan und es hat dich in dem Moment garantiert glücklich gemacht, darum bereue ich nie etwas und überlege mir auch nicht, ob sich das jetzt „gelohnt" hat.

Ich finde, dass es sich lohnt, Geld und Zeit in neue Erlebnisse, Hobbys und neues Wissen wie Kurse oder Bücher zu investieren. Mir geht es dabei nicht um ein Endziel, sondern um die Erfahrung an sich, daher lohnt sich die Investition in mich selbst in jedem Fall.

Kapitel 4: Projektzyklus eines Multitalents

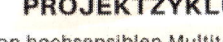

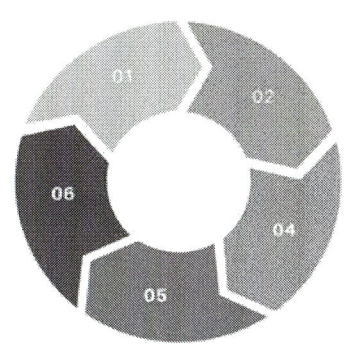

PROJEKTZYKLUS

von hochsensiblen Multitalenten

Phase 1: Energievoller Start

Du hörst von einem neuen Projekt oder entdeckst ein neues Thema. Du fühlst dich energievoll. Du recherchierst und bist Feuer und Flamme!

Phase 2: Voll im Flow

Voller Leidenschaft startest du Hals über Kopf ins Projekt! Du bist im Flow. Deine Ideen fließen, alles fügt sich und du bist extrem produktiv

Phase 3: Höhepunkt

Hochphase. Die ersten Ergebnisse deiner Arbeit zeigen sich und alles, was du angestoßen hast, kommt ins Rollen. Es läuft supergut und du denkst, du kannst ewig so weitermachen.

Phase 4: Überforderung

Du fühlst dich jetzt erschöpft und energielos. Irgendetwas fühlt sich mit dem Projekt nicht mehr richtig an. Du fragst dich, wieso deine Motivation nachlässt. Vielleicht ist es dir über den Kopf gewachsen und zu viel geworden, da es so gut lief.

Phase 5: Festhalten

Es fällt dir schwer loszulassen. Du fragst dich, wieso du nicht mal bei einer Sache dabeibleiben kannst, nachdem du schon so viel Zeit etc. investiert hast. Du hast Selbstzweifel. Vielleicht pushst du dich und machst trotzdem weiter.

Phase 6: Energielos & lustlos

Es geht gar nichts mehr. Du hast absolut keine Lust mehr auf das Thema oder einen Aspekt daran. Du fühlst dich unglücklich und so, als ob dir deine Lebensenergie fehlt, wenn du dich zwingst dranzubleiben. Entweder es folgt ein kurzfristiges, radikales Ende oder du lässt das Projekt über einen kurzen Zeitraum ausklingen.

Wenn du als hochsensibles Multitalent ein Projekt umsetzt, durchläufst du die von mir hier ausgearbeiteten sechs Phasen. Wie lange du in jeder Phase bleibst und wie lang der gesamte Projektzyklus ist, ist für jedes Projekt ganz unterschiedlich.

In der ersten Phase startest du total energievoll in dein neues Herzensprojekt. Du hast das Thema entdeckt, recherchiert und dann voller Elan losgelegt. Du bist Feuer und Flamme und fühlst dich so energievoll, als ob du Bäume ausreißen könntest.

In der zweiten Phase bist du vollkommen im Flow, das heißt, dass du beim Arbeiten auch mal die Zeit vergisst. Insgesamt hast du dich Hals über Kopf ins Projekt gestürzt und deine Ideen fließen. Du bist extrem produktiv und alles fügt sich zusammen und klappt so, wie du es dir in deiner Vision vorgestellt hast.

Die dritte Phase ist der Höhepunkt deines Schaffens und deiner Kreativität in Bezug auf dieses Projekt. Alles, was du angestoßen hast, kommt ins Rollen und du siehst die ersten, positiven Ergebnisse deiner Arbeit. Es läuft super, sodass du fest davon überzeugt bist, dass du mit dieser Intensität und diesem Zeitaufwand für dieses Projekt noch ewig so weitermachen könntest.

In der vierten Phase stellst du fest, dass sich bei dir langsam ein anderes Gefühl einstellt, was das Projekt angeht. Du fühlst dich irgendwie energielos und erschöpft. Deine Motivation lässt nach und du fragst dich, warum. Irgendetwas ist nicht mehr ganz stimmig. Vielleicht ist dir das Projekt auch über den Kopf gewachsen und dir einfach zu viel geworden, nachdem alles so richtig ins Rollen gekommen ist.

In der fünften Phase hältst du am Projekt fest und machst weiter. Es kostet dich allerdings mehr Energie als zuvor. Gleichzeitig hast du Selbstzweifel und stellst infrage, wieso du nicht einfach mal bei diesem einen Projekt dranbleiben kannst, nachdem du schon Zeit, Energie und Geld investiert hast und es super läuft. Du pushst dich und ziehst das Projekt erst einmal weiter durch.

In der sechsten Phase schaffst du es, loszulassen. Du fühlst dich so energielos und lustlos, dass nicht mehr viel geht. Du hast auf das Thema des Projekts oder einen bestimmten Aspekt daran absolut keine Lust mehr. Je mehr du dich zwingst dranzubleiben, desto unglücklicher fühlst du dich. Irgendwie fühlst du dich freudlos und fast, als ob du „gefangen" bist. Du möchtest deine Lebensenergie und deine Begeisterungsfähigkeit zurückbekommen und erkennst, dass du so aktuell mit diesem Projekt nicht weitermachen kannst. Entweder es gibt ein radikales, kurzfristiges Ende oder du lässt das Projekt über einen kurzen Zeitraum auslaufen. Sobald du die Entscheidung getroffen hast, das Projekt zu beenden, fühlst du dich frei und erleichtert.

Wie fühlen sich die verschiedenen Phasen an

Als hochsensibles Multitalent hast du meist ein oder mehrere Projekte, die du gleichzeitig umsetzt. Doch wie fühlt es sich für dich an, wenn du ein Projekt scheinbar weitermachen „musst" und dich selbst zwingst dabeizubleiben, obwohl du eigentlich keine Lust mehr hast?
Versetze dich einmal in die Lage und beschreibe möglichst genau, wie sich das anfühlt. Notiere dir deine Gedanken.

Wenn du also unglücklich, überfordert, unzufrieden oder blockiert fühlst, kann es auch sein, dass du das von dir beschriebene Gefühl empfindest und am Ende des Projektzyklus eines Projektes bist, das für dich eigentlich gefühlt abgeschlossen ist, an dem du aber aus irgendwelchen Gründen festhältst und dich „zwingst", es fortzuführen.
Wichtig ist es dann zu reflektieren, warum du meinst, dass du das Ende des Projektzyklus nicht akzeptieren kannst.

- Warum kannst du nicht loslassen?
- Woran hältst du fest?
- Wo meinst du, dass es anders sein müsste?
- Was für Stimmen stehen dahinter (Dein Ego? Menschen aus deinem Umfeld? Deine Mutter? Dein Vater?)?

Wenn du herausgefunden hast, an welchem Projekt oder an welchen Projekten es liegt, dass du dich gerade unglücklich fühlst, ist das der erste Schritt. Der zweite Schritt ist es dann, daran etwas zu ändern, denn nur dann ändert sich auch dein Gefühl.

Dahinter steht natürlich auch, dass es als hochsensibles Multitalent immer mal wieder eine Herausforderung und Lernaufgabe sein kann, zu akzeptieren und anzunehmen, wie du bist – mit all den positiven Facetten wie deinem Enthusiasmus für neue Ideen und mit all den herausfordernden Facetten wie der Projektdauer, die ganz unterschiedlich sein kann.

Wichtig ist es dabei, bei dir zu bleiben und zu überlegen, was dich glücklich macht. Wenn du dich nicht mehr mit anderen Menschen vergleichst und darauf schaust, wie lange sie in einem Job oder bei einem Projekt bleiben, sieht die Welt ganz anders aus. Und wer sagt denn, was dabei „falsch" und „richtig" ist?

Ich weiß, dass es schwer ist, und ich verstehe, warum du vielleicht manchmal damit haderst ein Projekt nicht weiterführen zu können, aber ich denke letztendlich immer, dass sich die Erde weiterdreht. Gleichzeitig machst du damit auch Platz für ein neues, aufregendes Projekt.
Der Projektzyklus eines hochsensibles Multitalents ist oft schnell durchlaufen und das ist in Ordnung!

Es geht im Leben auch darum, einen Weg zu finden, glücklich zu sein – trotz aller Lernaufgaben, die dir begegnen. Ich denke, ein bisschen mehr „spielen" und das Leben versuchen nicht zu ernst zu nehmen, ist dabei hilfreich. Ich folge meiner Intuition und mein selbst gesetztes Ziel ist es, ein kreatives Leben zu führen – was auch immer das heißt. Für mich heißt das zum Beispiel der Freude zu folgen und wenn ich bei einer Projektidee „hell yes!" schreie, versuche ich sie auf jeden Fall umzusetzen, was mir eigentlich auch immer auf die eine oder andere Art und Weise gelingt. Gleichzeitig hat mein Tag auch nur 24 Stunden, darum müssen regelmäßig auch „alte" Projekte weichen und ich erkläre sie für abgeschlossen.

Ich habe auch gelernt, dass ich nicht zu viel auf meinen Kopf, also auf meinen Verstand, hören darf, der mir sagt, warum es logisch und strategisch wichtig wäre, ein Projekt weiter „durchzuziehen". Denn wenn ich auf meine Intuition höre, meine Wahrheit spreche und authentisch meinen Herzensweg gehe, ist das natürlich nicht unbedingt immer leicht, macht mich aber in meinem Leben sowohl kurz- als auch langfristig insgesamt viel glücklicher. Ich blühe auf und fühle mich erfüllt, kreativ und lebendig.

Wie ist das bei dir? Was ist deine Einstellung zum Leben?

Endet jedes Projekt in Phase 6 „energielos & lustlos"?

Ich habe bei Multitalenten beobachtet, dass irgendwann der Zeitpunkt gekommen ist, an dem das Projekt für sie/ihn beendet ist und es Zeit für etwas Neues ist. Natürlich ist Phase 6 eine Entscheidungsphase und du hast auch die Möglichkeit, die Techniken aus dem nächsten Kapitel zum Thema Organisation zu nutzen, um dich neu zu motivieren und beim Projekt dabeizubleiben.

Ich möchte dich mit diesem Projektzyklus auf keinen Fall demotivieren. Ich finde es eher motivierend zu sehen, dass danach wieder Phase 1 kommt und du viel Energie für ein neues Projekt hast, das vielleicht auch eng verwandt mit dem alten Projekt ist. Ein weiterer Vorteil ist, dass du dich schon vorher darauf einstellen kannst, dass ein Ende deines Projektes bereits in Sicht sein könnte. So bist du in der Lage, deine Projekte so zu planen, dass sie möglichst gut zu deinem natürlichen Projektzyklus passen.

Ich möchte dich auch anspornen, darüber nachzudenken, wieso es „schlimm" oder problematisch sein sollte, wenn du ein Projekt nach einiger Zeit nicht weiterverfolgst. Was befürchtest du?

Wie bereits in einem vorherigen Kapitel erwähnt, lohnt es sich, abzuwägen, wann es sich rentiert, dich noch einmal zu motivieren und an einem Projekt dranzubleiben und wann es für dich besser ist, loszulassen. Jede*r hat bei einem längeren Projekt natürlich auch Momente, die keinen Spaß machen und an denen Aufgeben leichter erscheint als Weitermachen. Seit ich über den Projektzyklus reflektiert habe und für mich von vornherein akzeptiert habe, dass ich ein neues Projekt oder einen Job nur für ganz begrenzte Zeit mache, habe ich weniger Druck und mache mir weniger Sorgen, dass ich etwas für den Zeitraum X unbedingt (weiter-)machen muss. Deshalb wollte ich dir den Projektzyklus hier gern vorstellen und hoffe, dass auch du ihn auf positive Art für dich nutzen kannst.

Produktivität als hochsensibles Multitalent

Jeder Mensch kennt vermutlich die Zyklen und die Phasen, die ich beschreibe. Doch bei hochsensiblen Multitalenten sind die Gefühle besonders stark und die Phasen werden sehr intensiv durchlebt. Durch die Hochsensibilität sind die Gefühle intensiv und klingen lange nach und deine Seite als Scanner*in-Persönlichkeit sorgt dafür, dass du es so sehr liebst, ein neues, spannendes Projekt anzufangen. Wir sind enthusiastischer, begeisterungsfähiger und leidenschaftlicher als andere Menschen, wenn wir zu Beginn so richtig in einem Projekt aufgehen. Dadurch ist die Fallhöhe auch viel höher und der Kontrast der Gefühle besonders groß, wenn diese Hochphase nachlässt.

Das Gleiche gilt für die Produktivität, denn hochsensible Multitalente schaffen wirklich doppelt so viel wie andere Menschen, wenn sie in einer ihrer produktiven Macher-Phasen sind. Auch dort ist der Unterschied dann, wenn sie energielos und lustlos sind, besonders groß. Du fragst dich dann vielleicht so etwas wie: „Wieso schaffe ich in einem ganzen Monat nicht so viel, wie ich vor Kurzem allein an zwei Tagen geschafft habe? Was ist los mit mir?"

Dadurch, dass wir uns schon oft selbst gesagt haben, dass wir unbedingt mal etwas zu Ende bringen müssen (was auch immer das heißen soll) und es uns bestimmt schon einmal von unserem Umfeld gesagt wurde, kommen diese Glaubenssätze zum Ende des Projektzyklus vielleicht auch wieder hoch und unser*e innere*r Kritiker*in ist besonders laut.

Dann ist es wichtig dich daran zu erinnern, dass nur du bestimmst, wann etwas für dich persönlich abgeschlossen ist und was du zum Beispiel als Ritual machen kannst, um für dich ein Projekt abzuschließen, das dir keine Freude mehr bereitet. Es hilft dir nicht, dich selbst zu verurteilen und zu etwas zu zwingen, denn dadurch erblühst du auch nicht in neuer Leidenschaft für das Projekt.

Erinnere dich daran, dass die Impulse aller Menschen, wie in Kapitel 1 erwähnt, von zwei Gehirnsystemen kontrolliert werden, die jedoch bei jedem Menschen unterschiedlich aktiv sind. Dein Verhaltensaktivierungssystem (Behavioral Activation System, abgekürzt BAS) sorgt also in diesem Fall dafür, dass du erst sehr aktiv bist, nach Belohnung strebst und generell sehr neugierig bist. Es ist allerdings auch dafür verantwortlich, dass du schnell gelangweilt bist.

Das heißt, du kannst nicht so viel machen und es ist einfach so, dass bei dir persönlich das BAS viel aktiver ist, als bei einem Großteil der Menschen.

Mit Blockaden umgehen

Wenn du als hochsensibles Multitalent eine richtige Blockade hast, kann das nicht nur daran liegen, dass du die Leidenschaft für das Projekt verloren hast und etwas anderes starten möchtest. Manchmal ist der Grund auch, dass du zum Beispiel wenig freihattest und einfach Pause und viel Freizeit brauchst. Vielleicht sehnst du dich auch nach etwas ganz anderem.

Wenn du blockiert bist und absolut nicht weiterkommst oder keine Lust mehr hast, ist es besonders hilfreich, dich zu fragen, was gerade dein Bedürfnis ist. Wonach ist dir gerade? Wonach sehnst du dich?

Wenn du dann zum Beispiel eine längere Pause eingelegt hast und dein Bedürfnis gestillt ist, kann es auch sein, dass du wieder voller Energie, Ideen und Tatendrang für dein Projekt bist. Es ist ganz normal, gerade bei etwas längeren Projekten auch eine Blockade zu erleben oder weniger motiviert zu sein. Das bedeutet auch als hochsensibles Multitalent nicht gleich, dass du das Projekt nicht zu Ende bringen wirst, sondern manchmal nur gerade ein anderes Bedürfnis so ungedeckt ist, dass es sich in den Vordergrund drängt.

Glücklicher werden, indem du dich so annimmst, wie du bist

Eine der größten Herausforderungen für hochsensible Multitalente ist es, anzunehmen und anzuerkennen, wie sie sind. Dazu gehört es manchmal auch, anzuerkennen, dass du nicht immer bei einem Projekt dabeibleiben kannst und dass es für dich der natürliche Lauf der Dinge ist, immer wieder Projekte anzufangen und abzuschließen, manchmal auch nach scheinbar kurzen Zeiträumen.

Das ist in Ordnung! Es ist sogar hilfreich, wenn du lernst loszulassen und dir schon vorher überlegst, wie du das Projekt elegant abschließen kannst. Vielleicht wäre es auch eine Möglichkeit für ein neues Projekt von vornherein nur einen bestimmten Zeitraum einzuplanen, sodass du schon weißt, wann und wie du es abschließt.

Für alle Menschen gehören Regen- und Sonnenphasen zum Leben. Es gibt für dich im Laufe der Zeit immer neue Aufgaben und Herausforderungen, die es zu meistern gilt. Dadurch besteht das Leben aus herausfordernden Phasen, die sich mit Phasen abwechseln, in denen du komplett glücklich und erfüllt bist.

Dieses Auf und Ab und die verschiedenen Phasen sorgen gleichzeitig auch für deine Hochs im Leben und alle positiven Gefühle. Insgesamt ist genau das unser Leben und wir sind hier auf der Welt um diese menschliche Erfahrung zu machen, mit all ihren herausfordernden und erfreulichen Phasen, die unsere Projekte uns zu bieten haben.

Dein ideales Arbeitsumfeld

Zum Abschluss dieses Kapitels möchte ich dir die folgende Aufgabe ans Herz legen:

Nimm dir circa 15 Minuten Zeit und spinne herum, wie dein ideales Arbeitsumfeld und dein idealer Tag aussehen würden. Deiner Fantasie und deinem Budget sind keine Grenzen gesetzt und du kannst alles arbeiten, machen und erleben, was du möchtest.

- Wo wachst du auf? Wie sieht der Raum aus?
- Um wie viel Uhr stehst du auf und wie startest du in den Tag?

- Zu welchen Zeiten arbeitest du an welchen Projekten?
- Wo arbeitest du an deinen Projekten? Drinnen oder draußen? Im Sitzen oder Stehen? Wie sieht dein Umfeld aus? Allein oder mit anderen Menschen? Zu Hause oder im öffentlichen Raum wie z. B. in einem Café, einer Bibliothek, einem Büro oder einem Co-Working-Space?
- Wann machst du Mittagspause? Wie, wo machst du deine Pause und mit wem?
- Wie fühlst du dich in deinem idealen Arbeitsumfeld? Notiere fünf Begriffe, die dir sofort einfallen.

Zusammenfassend hoffe ich, dass dir dieses Kapitel und die Aufzeichnung des Projektzyklus dabei helfen zu erkennen, dass du nicht allein bist. Ich hoffe auch, dass du jeden Tag etwas mehr annehmen kannst, wie du als hochsensibles Multitalent bist, denn neben all dem Hadern und den Herausforderungen hast du dadurch auch genauso viele positive und tolle Aspekte in deinem Leben.

Kapitel 5: Organisation & Struktur für Multitalente mit vielen Ideen

Für Multitalente ist es ganz normal Ideenmaschinen zu sein und viel Kreativität zu besitzen. Doch vielleicht geht es dir dabei auch manchmal so, dass mehr oder weniger Chaos ausbricht, du den Überblick verlierst oder dich deine vielen Einfälle überfordern. Darum möchte ich mich in diesem Kapitel dem Thema Organisation und Struktur für Multitalente mit vielen Ideen widmen.

Als Erstes finde ich es als Multitalent hilfreich, einen bestimmten Ort zu haben, an dem du alle deine Ideen aufschreibst bzw. sammelst. Vielleicht hast du ein Notizheft, in das du alle deine Buchideen schreibst oder du hast eine Kiste, in der du alle Schnipsel sammelst, die du zum Basteln eines Projektes brauchst und aus Zeitschriften und Magazinen ausgeschnitten hast. Auch ein System aus Karteikarten kann hilfreich sein, denn dann kannst du für jede Idee eine Karteikarte anlegen und nichts geht verloren.

Ich sammle einige Ideen für Projekte auch digital im Programm Evernote, das ich auf meinem PC und auf meinem Handy installiert habe und das gleichzeitig alles online speichert. Auf diese Weise kann nichts verloren gehen und meine Ideen werden automatisch auf allen Geräten synchronisiert.

Ich habe allerdings auch noch verschiedene Notizhefte, in die ich meine Ideen – nach verschiedenen Kategorien sortiert – aufschreibe. Ich nummeriere die Seiten und erstelle vorn wie bei jedem Bullet Journal ein Inhaltsverzeichnis, in das ich nach und nach die Seitenzahlen und Überschriften eintrage, sodass ich mit dem Inhalt flexibel bin. Dadurch sind es manchmal sehr kurze Einträge und manchmal längere Einträge mit ausgearbeiteten Ideen oder Skizzen ganzer Projekte.

Die Idee des Bullet Journals stammt von Ryder Carroll. Es gibt hierbei keine festgelegte Struktur, sondern alle Seiten können frei gestaltet werden und erhalten eine Überschrift, die dann im Inhaltsverzeichnis zu finden ist. Dieses Planer-System lässt sich an die eigenen Bedürfnisse anpassen und ist sehr flexibel. Der Name stammt daher, dass *bullets* auf Deutsch Aufzählungspunkte sind, die wir für Listen nutzen. Da ein Bullet Journal so flexibel ist, findest du dort nicht nur To-do-Listen, sondern es kann auch als Kalender, Malbuch, Notizbuch und Tagebuch dienen.

Genauso wie beim Sammeln von Ideen und Starten der Projekte ist es als hochsensibles Multitalent hilfreich, einen Platz oder eine Methode zu haben, um Projekte zu beenden und abzulegen. Ich nutze oft eine Kiste, in die ich alle Materialien lege, wie zum Beispiel für mein Projekt mit selbst gemachten Stempeln. Für große Projekte nehme ich auch gern ein eigenes Notizbuch, das ich einfach ins Regal stellen kann, wenn ich das Projekt für mich als beendet erkläre. Dieses offizielle Beenden eines Projektes, an dem du nicht mehr weiterarbeiten möchtest, sorgt auch dafür, dass dir das Loslassen leichter fällt und du sehen kannst, was du alles geschafft hast, zum Beispiel indem du alle Kisten oder Notizbücher vollendeter Projekte vor dir im Regal siehst.

Egal wie und wo du Projektideen sammelst und beendete Projekte aufbewahren möchtest – es lohnt sich, dir einmal Gedanken darüber zu machen, was eine für dich passende Methode ist. Meiner Erfahrung nach kann das auch dabei helfen, dich als Multitalent mit vielen Ideen und Projekten anzunehmen, denn dann ist es für dich in Ordnung, ein Projekt für beendet zu erklären, bei dem andere Menschen vielleicht wenig Verständnis dafür zeigen, dass du es aktuell nicht weitermachen möchtest. Du hast deine eigene Methode und deine eigene Definition von einem erfolgreichen, abgeschlossenen Projekt für dich gefunden.

Wenn ich manche Ideen grob aufgeschrieben oder im Detail ausgearbeitet habe, merke ich manchmal schon, dass das bei der Idee reicht und ich ihr nicht weiter nachgehen möchte. Andere Ideen finde ich so spannend, dass ich das Gefühl habe, sie unbedingt umsetzen und leben zu wollen.

Grobe Jahresplanung von Projekten

Dabei schaue ich im nächsten Schritt gern in meinen Kalender mit der Monats-übersicht, um zu schauen, wann es realistisch ist, das Projekt umzusetzen, falls ich dafür recht viel Zeit und Energie brauche. Gerade als hochsensible Person ist es auch wichtig zu bedenken, wie viel Energie dich das Projekt kostet, denn auch wenn es nur wenig Zeit in Anspruch nimmt, kann es dich viel Energie kosten. Dabei überlege ich auch, wie es aussehen könnte, wenn das Projekt so richtig ins Rollen käme und super funktionieren würde, denn dann nehmen Projekte manchmal noch mehr Zeit ein, als du anfangs vielleicht denkst.

Wenn ich das Projekt möglichst bald umsetzen möchte und es als Freizeitprojekt ansehe, überlege ich mir, ob es ein anderes Freizeitprojekt gibt, mit dem ich dafür aufhören kann. Manchmal ist es als Multitalent einfach nicht möglich, aktuell noch ein weiteres Projekt zu starten, da du vielleicht schon vier Projekte gleich-zeitig verfolgst.

Für jedes Jahr setze ich mir auch bestimmte private, berufliche oder monetäre Ziele. Es ist wichtig, sich Ziele zu setzen, um das Gefühl zu haben, auf etwas hin-zuarbeiten, sich weiterzuentwickeln und voranzukommen. Gleichzeitig finde ich es normal, dass Ziele nicht immer dazu da sind, erreicht zu werden. Oft ändern sich größere Ziel, während ich auf dem Weg dahin bin, sodass ich dann nach eini-ger Zeit ein ganz anderes Ziel habe. Das ist in Ordnung. Dennoch dienen mir alle Ziele für die Zeit, in der ich sie verfolge, als Nordstern, nach dem ich viele Ent-scheidungen ausrichten kann. Mich persönlich motivieren Ziele und ich schaue auch gern nach einem halben Jahr, was ich davon erreicht habe und welche Ziele ich noch nicht erreicht habe. Dann überlege ich immer, was ich anders machen oder noch tun kann, um dieses Ziel dieses Jahr noch zu erreichen.

Bei meiner Jahres-, Monats- und Tagesplanung achte ich auch darauf, Priorität-ten zu setzen. Das heißt konkret, dass ich zuerst die wichtigsten Projekte ein-plane. Dazu gehören zum Beispiel Urlaub oder wichtige Events und Deadlines, die ich nicht verschieben kann. Ich stelle mir dafür vor meinem inneren Auge ein

Glas vor, in das ich zuerst größere Steine lege. Anschließend folgen etwas weniger wichtige Projekte, die ich auch unbedingt umsetzen oder einplanen möchte. Diese stelle ich mir als Kieselsteine vor, die ich nach den größeren Steinen in das Glas fülle. Am Ende folgen die Projekte oder Tätigkeiten, die noch dazukommen, aber die immer irgendwie eingeplant werden können. Im Tagesplan sind das für mich zum Beispiel E-Mails und Nachrichten, die ich irgendwann zwischendurch oder zeitlich flexibel beantworten kann. Diese letzte Kategorie an Projekten stelle ich mir als Sand vor.

Wenn du keine Prioritäten setzt und deine Planung nicht strukturierst, kann es passieren, dass zum Beispiel so viel Sand im Glas ist, sodass es schon fast voll ist und du gar keine Zeit mehr für die wichtigen Aufgaben, die größeren Steine, hast. Wenn du zum Beispiel strategisch wichtige Aufgaben oder große Projekte angehen möchtest, die aus vielen Teilen bestehen, ist es unabdingbar, Prioritäten zu setzen und dafür Platz zu schaffen.

Anderen Menschen von Projekten erzählen

Ich finde es hilfreich, anderen Menschen von meinen Projekten zu erzählen, wenn ich mich entschlossen habe, sie umzusetzen. Dadurch entstehen manchmal neue Möglichkeiten und ich spüre mehr Verpflichtung meinem Projekt gegenüber.

Wenn du den Austausch suchst und nicht allein arbeiten möchtest, kann ich es für private und berufliche Projekte sehr empfehlen, sich mit Gleichgesinnten zu treffen und sich gegenseitig zu motivieren. Beruflich kann es auch sinnvoll sein, dir eine Mastermind zu suchen oder eine Mastermind zu gründen.

Eine Mastermind ist eine Gruppe von circa zwei bis vier Menschen, mit denen du dich sehr regelmäßig triffst. Ihr könnt euch als Gruppe gegenseitig unterstützten und eure Blickwinkel zu aktuellen Themen und Herausforderungen austauschen. Alle sollten in etwa den gleichen Wissens- und Erfahrungsschatz haben, damit auch alle vom Austausch profitieren.

Hilfreiche Techniken, um Projekte erfolgreich umzusetzen

Als Multitalent habe ich schon viele kleine und große Projekte umgesetzt, doch auch ich habe mal Phasen, in denen mir ein Projekt zu groß und nicht machbar erscheint oder nach zu viel Arbeit aussieht, sodass ich nicht mit dessen Umsetzung anfange. Diese Phase kann auch nach einiger Zeit kommen, wenn es mir extrem viel erscheint, was für das Projekt noch vor mir liegt.

Ich nutze dann verschiedene Techniken und Tricks, um in die Umsetzung zu kommen, die ich dir jetzt vorstellen möchte.

Zuerst schaue ich mir wieder meinen Terminplaner an und teile die Projekte pro Monat in verschiedene Phasen ein. Wenn der jeweilige Monat aktuell ist, teile ich das Projekt dann noch pro Woche und in der Woche pro Tag in noch kleinere Schritte ein. Danach erinnere ich mich immer wieder aktiv daran, nicht das große Ganze, was noch vor mir liegt und riesig wirkt zu betrachten, sondern mich auf die kleinen Schritte zu fokussieren. Ich kann doch den nächsten kleinen Schritt machen, oder? Ja, das ist nur ein bisschen Arbeit und das schaffe ich heute. Dann erledige ich den nächsten Schritt, dann den nächsten Schritt und so weiter.

Wenn ich noch nicht in der Umsetzung bin, frage ich mich auch, was mich davon abhält. Inwiefern dient es mir, dass ich dieses Projekt noch nicht umsetze? Wozu ist das gut? Was befürchte ich, was in der Umsetzung passiert? Wovor habe ich Respekt oder Angst?
Manchmal kommen dabei auch Dinge heraus, die du gar nicht vermutest. Vielleicht hast du Angst vor Erfolg, vielleicht hast du Angst davor zu scheitern oder du hast Angst, dass du nicht gut genug bist, um das Projekt umzusetzen. Das sind Glaubenssätze, also Dinge, die du über dich selbst denkst, die durch das Projekt ans Tageslicht geholt werden und die du dann bearbeiten kannst, sodass sie dir auch in Zukunft nicht mehr im Weg stehen.

Eine Technik, die aus dem Buch „Eat that frog" von Brian Tracy bekannt ist, und die ich seit Jahren erfolgreich nutze, besteht darin, die Aufgabe, die du am wenigsten machen möchtest, zuallererst am Tag zu erledigen und mit der größten Priorität auf deine To-do-Liste zu setzen. Wenn du die Aufgabe dann geschafft hast, startest du alle weiteren Aufgaben mit einem positiven Grundgefühl und sie erscheinen dir viel leichter. Außerdem bist du froh, dass du die Aufgabe, auf die du gar keine Lust hattest, schon erledigt hast. Wenn du sie später erledigen willst, fehlen dir die Energie und die Motivation, da du dich schon anderen Aufgaben gewidmet hast. Dadurch wirst du sie eventuell immer weiter aufschieben.

Wenn wir uns schon mehrmals überwunden und motiviert und verschiedene Entscheidungen an dem Tag getroffen haben, ist es ganz natürlich, dass wir nach einiger Zeit etwas entscheidungsmüde werden und uns nicht mehr so gut überwinden können, eine Aufgabe anzufangen, auf die wir keine Lust haben wie am Morgen.

Eine weitere gute Technik, um möglichst effektiv zu arbeiten, ist die Pomodoro-Technik, die auch abgewandelt sehr gut funktioniert. Sie stammt von Francesco Cirillo und hat ihren Namen erhalten, da die Aufgaben in 25-Minuten-Abschnitte aufgeteilt werden und Cirillo dafür zuerst seine Küchenuhr benutzt hat, von der der Name *pomodoro* stammt.
Bei dieser Technik geht es darum, die Aufgaben zuerst schriftlich zu formulieren. Dann stellst du den Wecker auf 25 Minuten und bearbeitest die Aufgabe, bis er klingelt. Anschließend kannst du die Aufgabe abhaken oder durchstreichen und fünf Minuten Pause machen.

Abgewandelt kannst du diese Technik auch für deine Tagesplanung nutzen und Aufgaben, auch wenn sie wiederkehrend sind, in Intervallen mit zum Beispiel 30 Minuten oder 45 Minuten auf deinen Tagesplan schreiben. Als erste Aufgabe steht dort natürlich immer noch die, auf die du gar keine Lust hast. Anschließend machst du einige Minuten Pause, dann folgt die nächste Aufgabe.

Ein Beispiel für einen Vormittag:

45 Minuten Steuer
30 Minuten Podcast schneiden
30 Minuten Podcast Teaser und Texte erstellen
45 Minuten Manuskript überarbeiten
25 Minuten Instagramposts & neue Interviewpartner*innen für Podcasts
Mittagspause

Wenn dir andere Gedanken kommen und du merkst, dass du abschweifst, notierst du sie dir auf einem zusätzlichen Zettel und kümmerst dich später darum. Jetzt ist deine Fokuszeit für diese Aufgabe, in der du deine volle Aufmerksamkeit darauf lenkst. Ich stelle beim Arbeiten auch immer mein Handy auf lautlos und schließe mein E-Mail-Programm, sodass ich nicht durch äußere Einflüsse abgelenkt werden kann.

E-Mails und Nachrichten beantworten viele Menschen direkt zu Beginn des Arbeitstages, doch dadurch bist du sofort abgelenkt und hast viele neue Aufgaben im Kopf, die du gar nicht sofort bearbeiten möchtest. Das versuche ich zu vermeiden, daher beantworte ich E-Mails und Nachrichten lieber später. Zudem ist das auch eine einfache Aufgabe, für die ich auch noch später genug Motivation und Konzentration habe. Ich weiß, wann ich am leistungsfähigsten bin und nutze diese Zeit für schwierige Aufgaben, in denen ich meine volle Konzentration und Motivation brauche. Bei mir ist es zum Beispiel so, dass ich am besten nach einem ruhigen Morgen mit entspanntem Frühstück im Homeoffice um circa 8:45 Uhr anfangen kann zu arbeiten. Das ist meine Lieblingszeit zum Arbeiten. Wie ist das bei dir?

Wenn ich keine Lust habe laufen zu gehen, obwohl ich eigentlich weiß, dass es mir viel Spaß macht, sobald ich losgelaufen bin, ziehe ich mir oft erst einmal nur automatisch meine Laufschuhe und Laufkleidung an, ohne darüber nachzudenken, was danach kommt. Wenn du ins Fitnessstudio oder zum Sportverein gehst, kannst du dir auch sagen, dass du heute den Kurs besuchst und vielleicht nicht

100 Prozent gibst, wenn du nicht so motiviert bist. Sobald du auf halber Strecke bist und der Kurs begonnen hat, macht er vielleicht so viel Spaß, dass du doch voll dabei bist. Bei mir funktioniert dieses Überlisten meines eigenen Kopfes auf diese Art und Weise super, sodass ich immer loslaufe, sobald der erste Schritt getan ist.

Bei sonstigen Aufgaben zum Beispiel am Schreibtisch funktioniert die Fünf-Sekunden-Regel von Mel Robbins sehr gut, um sich selbst zu überwinden. Wenn du den Impuls hast, eine Aufgabe zu erledigen und innerhalb von fünf Sekunden anfängst, spürst du keinen Widerstand. Danach wird sich dein Gehirn eventuell weigern, daher ist das Tempo in diesem Fall so wichtig. Robbins sagt, dass du mit einem Countdown, also indem du von fünf herunterzählst bis auf eins und dann anfängst, deinen Schweinehund überwinden kannst und deinen sogenannten präfrontalen Cortex aktivierst. Das ist die Region des Gehirns, die für bewusste Entscheidungen zuständig ist. In der Praxis denkst du also nicht länger darüber nach, ob du eine ungeliebte Aufgabe jetzt angehen sollst oder lieber nicht, sondern du zählst stattdessen runter: 5, 4, 3, 2, 1. Dann beginnst du sofort mit der Aufgabe. Jedes Mal, wenn du merkst, dass du etwas aufschieben möchtest, zählst du wieder runter und beginnst sofort mit der Aufgabe. Dadurch wirst du immer besser und kannst dein Verhalten verändern.

Schreiben als hilfreiches Tool für hochsensible Multitalente

Weiter vorn habe ich schon angesprochen, wie wichtig Prioritäten für die Jahres-, Monats- und Tagesplanung sind. Gerade als Multitalent habe ich oft viel vor und möchte einige Projekte gleichzeitig umsetzen, daher ist es für mich täglich wichtig, mir meine Prioritäten nochmals vor Augen zu führen und eine Intention für den Tag zu setzen.

Ich mache mir dafür sonntags immer eine Übersicht der nächsten Woche, damit ich weiß, was auf mich zukommt. Für den einzelnen Tag mache ich mir morgens eine Übersicht mit den Aufgaben und der Zeiteinteilung. Zudem überlege ich mir ein Motto des Tages und lege meine Top-3-Prioritäten und Ziele für den Tag fest.

Manchmal benutze ich auch das High Performance Journal von Brendon Burchard. Vor allem wenn ich viel zu tun habe und mich gerade nicht besonders motiviert fühle, ist es eine große Hilfe für mich, um mich zu fokussieren. Es enthält noch einige Fragen zum Mindset am Morgen, wie beispielsweise worauf ich mich heute freue, was für eine Person ich heute sein möchte und warum oder was ich heute machen könnte, um echten Mehrwert zu erschaffen. Am Abend gibt es dann wieder einige Fragen zum Mindset, zum Beispiel welchen Moment ich heute besonders genossen habe, was ich heute gelernt habe und welche Aufgabe ich heute gut erledigt habe. Am Ende trage ich noch einen Score ein, wie ich meine Performance heute in den Bereichen Klarheit, Produktivität, Energie, Umgang mit anderen Menschen und Courage beurteilen würde.

So etwas kannst du dir natürlich selbst erstellen. Wenn ich viele Gedanken im Kopf habe oder meine Kreativität ankurbeln möchte, schreibe ich auch gern morgens ein paar Seiten. Diese Technik wird auch von Julia Cameron im Buch „Der Weg des Künstlers" erläutert. Bei den sogenannten Morningpages schreibst du einfach alle deine Gedanken so auf, wie sie gerade zu dir kommen. Das kannst du als Erstes am Morgen machen und es gibt kein richtig und falsch bei dieser Übung. Es geht dabei um alles, was dir gerade im Kopf herumschwirrt und die Morningpages sind nur für dich, ganz privat, und nicht zum Teilen gedacht. Diese Technik kann dabei helfen, mehr Klarheit zu bekommen und zu reflektieren, was dir gerade wichtig ist.

Generell geht es beim sogenannten Journaling darum, deine Gedanken und Gefühle regelmäßig aufzuschreiben, um dir darüber bewusst zu werden, was dir guttut und wobei du dich eher unwohl oder unglücklich fühlst. Es gibt auch Journals, bei denen du zu jedem Tag nur eine Zeile schreibst oder in denen Denkanstöße zu mehr Dankbarkeit stehen, das heißt du führst ein Dankbarkeitstagebuch.

Schreiben ist ein wunderbares Tool, mit dem du im Moment präsent sein kannst und wodurch du deine Gedanken verändern kannst und Intentionen setzen kannst. Es ist für hochsensible Multitalente mit vielen Ideen, Gedanken und Emotionen hilfreich, eine oder mehrere Schreibtechniken zu finden, die dich dabei unterstützen, mit deinen Ideen und Emotionen umzugehen. Durch das Aufschreiben bekomme ich oft mehr Klarheit, Fokus und Struktur und kann gleichzeitig verarbeiten, was ich gerade fühle und denke, vor allem wenn ich mal wieder das Gefühl habe, dass mein Kopf vor lauter Gedanken explodieren könnte.

Reflexionsfragen:

- Was hilft dir dabei, als hochsensibles Multitalent strukturiert und organisiert zu sein?
- Wann ist deine produktivste Arbeitszeit? Unter welchen Umständen kannst du besonders gut arbeiten?
- Welche Techniken wendest du bisher bei Aufgaben an, auf die du gar keine Lust hast? Wie gut oder schlecht funktionieren sie für dich?
- Welche Techniken aus diesem Kapitel kannst du dir vorstellen auszuprobieren?
- Wie und wo sammelst du all deine Ideen?
- Wie schließt du Projekte ab (um einen angenehmen, positiven Abschluss zu haben), die du nicht mehr weiter machen möchtest?

Kapitel 6: Hochsensible Multitalente in der Gesellschaft

Wie ich bereits im ersten Kapitel angerissen habe, sind nur wenige Menschen hochsensible Multitalente. Wenn du dich also so identifizierst, gehörst du zu einer Minderheit der Menschen. Das heißt die Mehrheit der Menschen „tickt anders" und kann nicht verstehen, wieso du hochsensibel bist und viele Interessen hast. Wichtig ist dabei für dich zu verstehen, dass das in Ordnung ist und auch niemand verstehen muss, wieso du bist, wie du bist und machst, was du machst! Wie man im Englischen so schön sagt: You do you!

Als kleines Kind habe ich mich immer gefragt, ob jede*r die Welt genauso sieht wie ich, denn vielleicht sieht jemand eine ganz andere Farbe, wenn er einen Baum zum Beispiel mit grün beschreibt und bezeichnet sie einfach genauso. Vielleicht sehe ich eine andere Farbe, aber wir beschreiben beide das, was wir sehen, als grün. Jede*r hat ihre/seine ganz eigene Brille auf, durch die er/sie das Leben betrachtet – darüber habe ich mir schon damals Gedanken gemacht.

Deine Brille, durch die du auf die Welt schaust, wurde durch all die positiven und negativen Erlebnisse erschaffen, die du in deinem Leben gemacht hast. Das ist der Grund, wieso jeder Mensch auf die gleiche Situation etwas anders reagiert und sich einzigartig verhält. Das ist auch der Grund, warum du dich vielleicht über bestimmte Dinge ärgerst, während sie jemand anderen überhaupt nicht stören. Diese Person hat andere Erlebnisse in ihrer/seiner Kindheit gehabt und hat dadurch eine andere Einstellung als du.

Nur du hast Zugang zu deinen Gedanken und deinen Erfahrungen. Niemand kann in deinen Kopf gucken. Selbst Menschen, die dir sehr nahestehen, erleben das, was du erlebst, nur von außen mit. Sie sind Beobachter*innen und können sich einfühlen. Sie versuchen durch Empathie nachzuempfinden, was du empfindest. Da niemand so ist wie du, kann auch niemand wirklich verstehen, was du fühlst, warum du dich auf eine gewisse Art und Weise verhältst und warum du so bist, wie du bist.

Das gilt umso mehr, je außergewöhnlicher oder je weiter außerhalb der gesellschaftlichen Norm du dich verhältst – was nun mal typisch für hochsensible Multitalente ist. Es ist wichtig, Verständnis dafür zu haben, dass andere Menschen dich nie wirklich ganz verstehen können.

Wenn du einmal zurückdenkst, gibt es sicher auch Situationen, in denen sich andere Menschen beispielsweise überhaupt nicht empathisch verhalten haben und du als hochsensibler Mensch absolut nicht verstehen konntest, warum sie so sind, wie sie sind. Als Multitalent kannst du vielleicht auch schwer verstehen, wie jemand 30 Jahre lang einem Job nachgehen kann, der dir unendlich langweilig erscheint.

Genauso wie dich niemand wirklich verstehen kann, ist es in Ordnung anzuerkennen, dass du niemanden wirklich verstehen kannst. Du kannst von außen beobachten, wie sich jemand verhält, du kannst zuhören, wenn jemand mit seinen Worten seine Gefühle beschreibt und du kannst deine Empathie nutzen, um dich einzufühlen, aber das ist im Grunde alles, was du machen kannst.

Raus aus der „Opferrolle"

Die Mehrheit der Gesellschaft bleibt länger bei Projekten dabei, als es hochsensible Multitalente gern machen. In der Arbeitswelt ist man als Expert*in erfolgreich und dafür ist es wichtig, lange in einem bestimmten Bereich zu arbeiten, sich weiterzuentwickeln und einen Experten-/Expertinnenstatus aufzubauen.

Das alles stimmt, doch es gibt dennoch genug Platz und Möglichkeiten für hochsensible Multitalente. Auch wenn du vielleicht manchmal mit der heutigen Gesellschaft haderst oder dir Sätze begegnen wie „Bleib doch mal bei einer Sache", finde ich es wichtig, nicht in eine „Opferrolle" zu verfallen, sondern deine besondere Art zu arbeiten und zu leben anzunehmen.

Was meine ich mit dem Wort „Opferrolle"? Ich meine damit Gedankengänge, bei denen du dich selbst als „arm dran" und Opfer der Umstände siehst. Du hast Mitleid mit dir selbst und nimmst dadurch eine passive Haltung ein. Es sind oft negative, nicht unterstützende Gedanken, bei denen du zum Beispiel denkst, dass die Struktur der Arbeitswelt und Firmen mit ihren Bewerbungsprozessen daran schuld sind, dass du als hochsensibles Multitalent einen Job hast, der nicht zu dir passt.

Oder vielleicht hast du einen Job, der nicht zu deinen Talenten passt und dich dadurch viel zu viel Energie kostet und du siehst dich selbst als Opfer, das daraus nicht entkommen kann, weil es für dich keine anderen Möglichkeiten gibt. Vielleicht bist du Lehrer*in und denkst, du musst für immer in Vollzeit in diesem Beruf arbeiten, weil du keine andere Ausbildung hast, deine Kinder finanzieren musst und auch als Beamt*in dafür unterschrieben hast, diesen Job auf Lebenszeit zu machen.

Das ist nur ein Beispiel, aber egal wie deine Situation ist, es gibt immer einen anderen Weg und eine Lösung, dein Leben zu verändern und es mehr so zu gestalten, dass es dir besser geht. Das Wichtigste ist dabei, dich nicht mehr als Opfer der Umstände zu sehen, sondern stattdessen Selbstverantwortung für dich und deine Entscheidungen zu übernehmen.

Es gibt immer einen Weg und anstatt dich lange über etwas zu beschweren, werde ein*e Macher*in, die/der ihr/sein Leben in die Hand nimmt. Was kannst du aktiv verändern, damit es dir (noch) besser geht und du dem Leben deiner Träume näherkommst?

Um es einmal radikal zu sagen: Niemand zwingt dich, einen bestimmten Job auszuführen oder in einer bestimmten Beziehung zu bleiben. Du kannst dein Leben immer verändern, es gibt nur einen bestimmten Preis, den die Veränderung kostet und du müsstest dich fragen, ob du bereit bist, diesen Preis zu zahlen.

Um zum vorherigen Beispiel zurückzukehren: Um als Lehrer*in zum Beispiel mehr Zeit für dich zu haben, könntest du erst einmal weniger Stunden arbeiten. Der „Preis", den du dafür bezahlen müsstest, wäre, dass du weniger Geld verdienst. Wenn du dein Beamtenverhältnis verlassen würdest, wäre der „Preis" weniger Sicherheit.

Vielleicht kannst du dich das nächste Mal, wenn du dich in Gedanken als Opfer gewisser Umstände siehst, fragen, wie du wirklich aktiv etwas ändern könntest und ob du bereit bist, den „Preis", den dich die Veränderung kostet, zu bezahlen. Natürlich entstehen bei einer Veränderung nicht nur Kosten, sondern du gewinnst auch viel. Als Lehrer*in im Beispiel würdest du mehr Lebenszeit, mehr Energie und auch mehr Freiheit gewinnen.

Solltest du nicht bereit sein, einen gewissen „Preis" zu zahlen, ist das vollkommen in Ordnung und deine Entscheidung. Es ist nur wichtig zu erkennen, dass du kein Opfer bist, sondern du dich selbst entschieden hast in der Situation und in diesen Umständen zu bleiben.

Konservativ oder liberal?

Der Forscher Zuckerman ist der Ansicht, dass die Persönlichkeit bestimmt, ob jemand konservativ oder liberal ist und dass dennoch viele Menschen eine sehr ähnliche gelernte Haltung gegenüber sozialen Fragen haben wie ihre Eltern.
Er betont, dass viele Persönlichkeitstests gezeigt haben, dass Menschen mit zunehmendem Alter konservativer werden. Das für Multitalente typische „Sensation Seeking", also die Suche nach Reizen, nimmt laut Zuckerman übrigens mit dem Alter ab.

Generell stellt Zuckerman sich die Frage, wie viel des Bedürfnisses nach sozialer Veränderung auf dem Bedürfnis nach mehr Stimulation, also mehr Reizen beruht und inwiefern das Bedürfnis nach Widerstand bei sozialen Veränderungen mit dem Gegenteil zusammenhängt, also keine neue Stimulation zu wollen. In einer Studie von Levin und Schalmo wurde eine negative Korrelation zwischen „Sensation Seeking" und Konservatismus gefunden. Multitalente tendieren dazu, ihre religiöse und politische Haltung als sehr liberal zu bezeichnen.

Ich denke, dass Multitalente nicht nur liberal sind, weil sie sich Veränderung wünschen, um neue Reize zu erfahren. Es ist auch typisch, dass sie unkonventionell denken und leben und sich teilweise sogar als moderne Hippies sehen. Multitalente stellen vieles infrage und sehen oft das große Ganze. Für sie ist es oft einfach „out of the box" zu denken und das gilt automatisch als unkonventionell, da die Mehrheit der Menschen keine hochsensiblen Multitalente sind und auf eine andere Art und Weise denken. Ich habe auch die Erfahrung gemacht, dass Multitalente Autoritäten hinterfragen und keine Angst vor Veränderungen und neuen Herausforderungen haben. Sie sind kreativ und innovativ. Als Querdenker*innen hängen sie nicht so sehr am Status quo. Hochsensible Multitalente finden auch schnell Fehler wie zum Beispiel Logikfehler.

All das sorgt manchmal dafür, dass du dich als hochsensibles Multitalent vielleicht unverstanden oder auf eine Art und Weise allein fühlst. Gerade im Arbeitsumfeld kommen diese Eigenschaften und der Wunsch nach Veränderung oder Reformation nicht immer nur positiv an. Dazu kann ich dir sagen, dass ich dich verstehen kann, wenn es dir so geht. Ich finde es ist wichtig, dass es Menschen wie uns gibt, die Dinge hinterfragen und den Status Quo infrage stellen. Genauso wichtig sind die Menschen, die sich dafür einsetzen, den Status Quo zu erhalten. Jede*r hat eine wichtige Aufgabe in der Gesellschaft, denn dadurch werden viele Seiten und Argumente gehört.

Perfektionismus und gesellschaftlicher Druck

Hochsensible Multitalente streben oft nach Perfektionismus, da sie dadurch vermeintlich wenig Angriffsfläche bieten und sich scheinbar sicher sein können, keinen Anlass zu geben nicht gemocht, geliebt oder gelobt zu werden.

Als hochsensibles Multitalent hast du vielleicht in deiner Kindheit oft Sätze gehört wie „Stell dich nicht so an" und später kamen dann Bemerkungen in die Richtung „Bleib doch mal bei einer Sache" und „Du bist sprunghaft" hinzu.

Den gesellschaftlichen Druck, eine geradlinige Karriere zu haben und vermeintlichen Erwartungen von Bekannten, Freunden oder Familienmitgliedern zu erfüllen, haben wir alle bereits erlebt. Wichtig dabei ist es, zu erkennen, dass es ganz natürlich ist, dass jeder Mensch anerkannt werden und dazugehören möchte. Auf eine Art möchten wir alle so sein wie die Gruppe, denn vor langer Zeit wäre es ein Problem gewesen anders zu sein. Aus der Herde ausgestoßen zu werden hat damals bedeutet, dass man allein nicht überleben konnte.

Ein weiterer Aspekt ist, dass wir oft ähnliche Glaubenssätze formen und von Menschen übernehmen, die uns nahestehen. Wenn wir den Glaubenssatz „Du musst eine Sache durchziehen" verinnerlicht haben und nach Perfektionismus streben, kann der Druck als hochsensibles Multitalent manchmal ziemlich groß sein. Es ist normal, dass es immer wieder Momente gibt, in denen du dich als hochsensibles Multitalent aktiv gegen innere oder äußere Stimmen verteidigen musst, um deinen Weg zu gehen und so zu leben, wie es dich glücklich macht.

Laut Duden bedeutet Perfektionismus übertriebenes Streben nach Perfektion. Das klingt eventuell leicht negativ, aber es ist gerade für hochsensible Multitalente wichtig zu erkennen, dass kein Mensch Perfektion je erreichen kann und es dich oft mehr Mühe kostet, als notwendig wäre, wenn du perfektionistisch bist.

In Bezug auf deinen Perfektionismus kannst du dich fragen:

* Was befürchte ich? Was befürchte ich, was passiert, wenn ich etwas nicht perfekt mache?

Oft steht der Wunsch nach Anerkennung, Liebe und Akzeptanz hinter dem Perfektionismus, das heißt vielleicht befürchtest du, dass du von deinem/deiner Partner*in nicht mehr geliebt wirst, wenn du dich nicht perfekt verhältst. Oder vielleicht denkst du, dass du deinen Job nicht verdienst und nicht mehr respektiert wirst, wenn du einen Fehler machst.
Durch ein möglichst perfektes Verhalten wird versucht keine Angriffsfläche zu bieten, um immer „gut genug" in allem zu sein.

Dabei ist es wichtig zu erkennen, dass du von den Menschen in deinem Leben bedingungslos geliebt wird – also egal, wie du dich verhältst und ob du etwas perfekt machst oder Fehler machst. Du bist immer gut genug und genauso richtig, wie du bist.

Wenn wir etwas Neues lernen, was wir konstant tun, ist es wichtig, Fehler zu machen, denn nur dadurch können wir lernen. Egal wie gut du in dem bist, was du machst, es ist ganz menschlich, dass sich auch bei dir Fehler einschleichen, denn niemand ist perfekt.

Wenn du einen Fehler zugibst und nicht immer perfekt bist, erlaubst du anderen in deinem Umfeld indirekt, das Gleiche zu tun. Das sorgt für mehr Akzeptanz, mehr Fehlertoleranz und weniger Druck. Zudem traut sich jede*r mehr, etwas auszuprobieren und ihre/seine Meinung oder neue Vorschläge einzubringen, wenn es nicht diesen Druck gibt, perfekt zu sein.

Wie kannst du daran arbeiten, weniger nach Perfektionismus zu streben?

Vielleicht hilft es dir, das Paretoprinzip nach Vilfredo Pareto im Kopf zu behalten. Es wird auch 80-zu-20-Regel genannt, denn 80 Prozent der Ergebnisse erreichst du mit 20 Prozent des Gesamtaufwands. Das bedeutet, wenn du 100 Prozent erreichen möchtest, brauchst du für die verbleibenden 20 Prozent 80 Prozent des Gesamtaufwands. Gerade für Perfektionist*innen kann es also eine lohnende Erfahrung sein, „nur" 80 Prozent zu erreichen, dafür aber auch nur 20 Prozent der Zeit zu brauchen und dich dadurch auch viel weniger zu stressen.

Zudem ist es hilfreich zu erkennen, welche Angst oder welche Befürchtung bei dir hinter deinem Streben nach Perfektionismus stehen. An welche Situationen aus deinem Leben erinnerst du dich, die dich in Bezug auf deinen Perfektionismus geprägt haben?

Ebenfalls ist es sinnvoll, sich mit den Themen Selbstliebe und Selbstakzeptanz zu beschäftigen, um weniger nach Perfektionismus zu streben. Auf diese Themen gehe ich in Kapitel 8 genauer ein.

Kapitel 7: Glücklicher leben

Bevor ich in Kapitel 10 ausführe, wie du als hochsensibles Multitalent vielfältig glücklich leben kannst, möchte ich in diesem Kapitel beleuchten, was die Forschung generell dazu sagt, wie wir als Menschen glücklicher leben können.

In diesem Kapitel geht es um die „Positive Psychologie", denn sie erforscht, wie wir unsere Lebensqualität generell verbessern können und das sorgt dafür, dass wir im Alltag glücklicher sind. Der Psychologe Martin Seligman hat viel zur Glücksforschung beigetragen. Er sagt beispielsweise, dass es drei Wege gibt, um glücklich zu sein: das angenehme Leben, das engagierte Leben oder das sinnerfüllte Leben.

Bei der Positiven Psychologie geht es oft um deine Einstellung zum Leben. Wenn du eine Person, die zufrieden und glücklich ist, mit einer Person vergleichst, die meistens unzufrieden und unglücklich ist, unterscheiden sich die Fakten manchmal gar nicht so stark. Der größte Unterschied liegt im Blick auf das Leben und auf die Ereignisse, die den beiden Personen passieren.

Eine positive Einstellung zu dir selbst und zum Leben ist hilfreich, denn dann siehst du herausfordernde Situationen, schwierige Ereignisse und für dich negative Tage eher als Ausnahme anstatt als Regel an. Oft sehen wir es als selbstverständlich an, wenn etwas gut läuft, wir Situationen gut meistern und unser Tag positiv oder normal verlaufen ist. Menschen tendieren oft dazu dorthin zu sehen, wo noch Potenzial ist, um etwas zu optimieren, damit es noch besser läuft, anstatt sich selbst dafür zu loben, was sie machen, und anzuerkennen, was sie alles leisten.

Als Mensch ist es typisch, dass wir uns negative Ereignisse, die vermeintlich mit Gefahr zusammenhängen, viel stärker einprägen, als positive Ereignisse. Früher war es sicherlich wichtig, sich Situationen, die negative Gefühle auslösen, genau zu merken, damit wir Gefahren entgehen. Aber heute passiert es oft, dass wir scheinbar fünf positive Erlebnisse haben müssen, um eine negative Erfahrung auszugleichen. Sich darüber bewusst zu werden, ist wichtig. Gerade hochsensible Menschen hängen oft noch in Gedanken in Situationen fest, die nicht so gut gelaufen sind, und spielen sie immer wieder in ihren Köpfen ab.

Ich versuche immer, mir ganz aktiv bewusst darüber zu werden, dass ich das gerade tue. Ich nehme erst einmal an, dass es so ist und merke, wie ich mich dabei fühle. Wenn die Situation mit allen beteiligten Personen geklärt ist oder sich einfach nichts machen lässt, versuche ich zum Beispiel durch Bewegung oder Sport meine Gedanken darüber zu sortieren und meine Gefühle zu verarbeiten. Ich gebe mir Zeit, versuche aber auch nicht ewig und mit Absicht mich weiter damit zu beschäftigen, sondern loszulassen und wieder im aktuellen Moment anzukommen, damit ich nicht zu lange in der Vergangenheit festhänge.

Als Sprachwissenschaftlerin ist mir auch aufgefallen, dass wir manchmal gar nicht merken, was wir eigentlich ganz genau sagen und welche Begriffe wir verwenden, um in Gedanken mit uns zu sprechen, oder was wir laut sagen, wenn wir mit anderen Menschen sprechen. Zum Beispiel habe ich früher manchmal „Ich hasse …" gesagt. Als Kind war ich zum Beispiel der Meinung, dass ich Gurken hasse. Heutzutage denke ich, dass Hass ein starker Begriff und ein starkes Gefühl ist und es manchmal so leicht dahingesagt wird, dass wir etwas hassen. Stimmt das wirklich? Ich hinterfrage gern, welche Begriffe und Redewendungen ich benutze und habe mich dabei mit der Zeit schon bei einigen Dingen ertappt, die ich gesagt oder gedacht, aber gar nicht gemeint habe. Beim Sport habe ich früher auch mal gedacht „Ich kann nicht mehr, ich sterbe gleich!" Wenn ich heute darüber nachdenke, finde ich es verwunderlich, diesen Ausdruck zu benutzen und halte mich lieber an etwas wie „Ich bin schon echt kaputt", denn das ist eher das, was ich eigentlich meine.

Es geht mir generell beim Thema „Glücklicher sein" nicht darum, alles nur positiv zu sehen und die negativen Gefühle zu verdrängen. Alle Gefühle dürfen Raum bekommen und sind willkommen. Es geht vielmehr darum, mir selbst nicht im Weg zu stehen und es mir unnötig schwer zu machen oder mich unglücklicher zu machen, als ich sein könnte, da ich bestimmte Gedanken denke und Dinge sage, die mich nicht unterstützen, sondern die mich stattdessen runterziehen.

Es geht auch nicht um Selbstoptimierung und darum, möglichst glücklich zu sein. Es ist ganz normal, dass es Phasen gibt, in denen ich glücklicher bin und es gibt auch Phasen, in denen ich schwerere und „negative" Gefühle fühle. Gefühle sind zunächst einmal neutral. In bestimmten Momenten erscheinen bestimmte allerdings negativ. Wir sprechen daher oft von negativen Gefühlen, dabei sind es einfach „nur" Gefühle.

All diese Gefühle zu haben ist vollkommen in Ordnung, denn das ist das Leben. Auch in Phasen, die herausfordernd für mich sind, helfen mir die Dinge, die ich in diesem Kapitel beschreibe.

Früher habe ich mir weniger Gedanken über die normalen Dinge im Leben gemacht und sie für gegeben hingenommen. Heute denke ich manchmal darüber nach, wie dankbar ich für einige dieser Dinge bin.

Zum Beispiel war ich letzte Woche bei meiner Zahnärztin und hatte leider ein Loch, das gefüllt werden musste. Ich war natürlich nicht dankbar für das Loch in meinem Zahn, aber ich habe darüber nachgedacht, dass ich froh bin, dass es jemanden gibt, der diesen Job so gut und gewissenhaft ausübt. Ich war dankbar für die Hilfe meiner Zahnärztin und habe mich darauf fokussiert, dass es toll ist, dass sie mir möglichst schmerzfrei und einfühlsam hilft, anstatt darüber nachzudenken, wie schei*e es ist, dass ich ein Loch im Zahn habe. Daran konnte ich in dem Moment sowieso nichts mehr ändern und dieser Gedanke hätte mir den Zahnarztbesuch nur noch schwerer gemacht.

Dankbarkeit zu üben und dich auf die Fülle in deinem Leben zu fokussieren, also auf die Dinge in deinem Leben, die du dir wünschst und die schon da sind, hilft dir immer wieder dabei, im Alltag Glück zu erkennen und dich glücklicher zu fühlen.

Verhalten vs. Identität

Auch zu überlegen, wie du mit Niederlagen, schwierigen Tagen und dem Thema Scheitern umgehst, ist wichtig. Wenn du zum Beispiel etwas denkst wie „Ich bin ein*e Versager*in", geht es um deine Identität. Das heißt, du unterscheidest nicht mehr zwischen einem Verhalten, das vielleicht nur einmalig war, sondern gehst davon aus, dass dies immer so ist und sogar deiner Identität entspricht.

Hilfreich ist es, wenn du mal gescheitert bist und zum Beispiel einen Mathetest nicht bestanden hast, sich bewusst zu machen, dass es nur genau dieser eine Test war. Das bedeutet also nicht, dass du generell „schlecht in Mathe bist". Natürlich haben alle Menschen Stärken und Schwächen auf bestimmten Gebieten, aber Dr. Carol S. Dweck hat wissenschaftlich erforscht, dass wir bessere Leistungen erreichen können, wenn wir beispielsweise einem Test positiv entgegensehen und positive Gedanken haben.

Dr. Dweck unterscheidet in ihrem Buch „Mindset – Changing the way you think to fulfil your potential" zwischen zwei Haltungen: dem sogenannten „fixed mindset" und dem „growth mindset".
Im festgelegten Mindset gehst du davon aus, dass ein Testergebnis bestimmt, wie intelligent du bist, und dass Intelligenz feststeht und gemessen werden kann, anstatt veränderbar zu sein. Du magst keine Herausforderungen, da sie deine Intelligenz infrage stellen, die du beweisen musst.
Im Wachstumsmindset gehst du davon aus, dass es in Ordnung ist, eine Herausforderung nicht zu meistern, da du es dann noch einmal versuchst, denn du kannst nur an Herausforderungen lernen und wachsen. Wie am Anfang des Buches erwähnt, kannst du das, was dir leichtfällt; du lernst hier nichts mehr. Wenn etwas schwer ist, bist du besonders motiviert, da du weißt, dass du gerade sehr viel lernen kannst. Scheitern nimmst du nicht persönlich, denn du weißt, dass es nichts mit deiner Identität zu tun hat, sondern nur mit der Aufgabe, die du (noch) nicht bewältigt hast.

Wenn du einer Problemstellung gegenüberstehst, nimmt es dir die Angst vor dem Scheitern, wenn du dir angewöhnst, im „growth mindset" zu sein. Auf diese Weise kannst du nicht verlieren oder scheitern, du bist immer nur dabei zu lernen.

Da es immer wieder Herausforderungen im Leben gibt, macht es mich persönlich langfristig glücklicher diese Herausforderungen als Lernaufgaben anzusehen und mir zuzugestehen auch mal zu scheitern, etwas nicht zu können oder nicht so gut umzusetzen, wie ich es mir wünsche. Das ist menschlich und gehört zum Leben dazu. Dieses Mindset hilft mir dabei, mehr Frieden mit Herausforderungen und schwierigen Situationen zu schließen.

Im Leben gibt es immer Höhen und Tiefen, ich finde es jedoch wichtig, in meinen verschiedenen Lebensbereichen für ein Sicherheitsnetzwerk zu sorgen und mich mit verlässlichen Menschen, die mir guttun, zu umgeben. Um mehr Resilienz zu entwickeln, das heißt in Krisenzeiten oder bei Problemen schneller wieder zur Normalität zurückkehren zu können, ist es für mich eine gute Taktik, nicht nur auf einen Lebensbereich zu setzen, der mich mit allem versorgt, was ich zum Glücklichsein brauche. Daher sind mir meine Lebensbereiche wie Arbeit, Zeit für mich, Zeit in der Natur und mit Tieren, Hobbys und Sport, eine Partnerschaft pflegen, Zeit mit Freunden und Familienmitgliedern verbringen alle gleich wichtig und ich versuche allen Bereichen viel Zeit zu widmen. Wenn es also einmal in einem Bereich schlecht läuft, ein Bereich wegfällt oder ich in einem Bereich eine Krise habe, kann ich mich hoffentlich zu der Zeit auf andere Bereiche stützen, sodass ich insgesamt schneller wieder zufrieden bin und die Krise nach einiger Zeit überwinden kann, sodass es mir wieder gut geht.

Eine Übung, die ich gern ab und zu mache und sinnvoll finde, ist folgende: Du notierst dir jetzt alles, was dir zu den Fragen „Was macht dir Freude? Wobei hast du Spaß?" einfällt. Wenn du das gemacht hast, gehst du die Liste nochmals durch und notierst dir in einer Spalte daneben die Gründe, aus denen dir diese Tätigkeiten Freude bereiten. Vielleicht fallen dir dadurch auch noch weitere Dinge ein, die für mehr Freude in deinem Leben sorgen.

Wenn einer meiner Lebensbereiche gerade nicht so erfüllt ist und ich mir wünsche, dass sich dort etwas ändert, schaue ich entweder auf diese Liste oder überlege ganz gezielt, was mir beispielsweise im Bereich „Arbeit" oder im Bereich „Hobbys und Sport" besonders Spaß macht und was ich davon in nächster Zeit wieder mehr in mein Leben integrieren kann, um in Bezug auf diesen Bereich glücklicher zu sein.

Deine Wahrheit sprechen

Ein weiterer Aspekt, der laut der Positiven Psychologie für mehr Glück sorgen kann, ist es, deine Wahrheit zu sprechen. Oft geschieht es, dass wir aus Pflichtbewusstsein etwas mit einer anderen Person unternehmen, auf das wir selber gar keine Lust haben. Wenn du allerdings offen und ehrlich sagst, wie du dich gerade fühlst und ob du Lust zu der Aktivität hast oder nicht, hilft das beiden Menschen. Vielleicht geht die andere Person dann mit jemandem ins Kino, der genauso leidenschaftlich gern Actionfilme guckt und du bleibst allein zu Hause und hast Zeit für dich, anstatt aus Pflichtgefühl mit deinem/deiner Partner*in einen Film anzusehen, der dir gar keine Freude bereitet. Anschließend geht es beiden Personen besser und sie empfinden mehr Glück, was auch der Partnerschaft guttut.

Deine eigenen Werte zu vertreten und das zu sagen, was du wirklich denkst und was deinen Entscheidungen entspricht, ist ein wichtiger Schritt für mehr Glück im Leben. Dies gilt vor allem für den privaten Bereich, denn ich finde es wichtig, mich für meine Überzeugungen einzusetzen, und scheue auch nicht vor einer Diskussion mit Freunden oder Familienmitgliedern zurück.

Natürlich gilt wie immer: choose your battles. Das heißt, es ist manchmal auch eine weise Entscheidung nicht überall einzugreifen, denn insbesondere im Arbeitsumfeld schaue ich als hochsensible Person genau, wann es zielführend ist, meine Werte zu vertreten und meine Stimme zu erheben und wann es mich vermutlich hauptsächlich viel Kraft kostet und vielleicht nicht so viel ändern wird. Ich schaue immer zuerst auf mich und meine Ressourcen.

Mehr Flow-Momente erleben

Wenn du einer Tätigkeit nachgehst und vollkommen darin aufgehst, spricht man auch davon, im Flow zu sein. Es ist ein positives Gefühl, bei dem du mühelos auch über längere Zeit auf deine Tätigkeit konzentriert bist und sogar die Zeit vergisst. Du hast dann das Gefühl, dass du ewig so weitermachen kannst.

Das Gute am Flow-Erlebnis ist, dass du es ganz allein von innen heraus kreierst, da du unabhängig von anderen Menschen im Flow sein und in einer Aktivität vollkommen aufgehen kannst. Bei mir sorgen regelmäßige Flow-Momente immer für Zufriedenheit und Glück. Gerade als Multitalent ist es ein schönes Gefühl, in diesem Moment zu wissen, das ist jetzt total mein Ding und hierin gehe ich gerade auf.

Um dir mehr solcher Momente im Alltag zu kreieren, kannst du dir notieren, bei welcher Aktivität du dich zuletzt so richtig im Flow gefühlt hast und wie du die Gefühle beschreiben würdest, die du dabei empfunden hast. Diese kleine Tabelle mit zwei Spalten kannst du immer weiter ergänzen, sodass du mit der Zeit verschiedene Aktivitäten findest, bei denen du im Flow sein und somit Glück und Zufriedenheit empfinden kannst.

Auch bei anderen Zielen, die du im Leben hast, ist es hilfreich, dich zu fragen, wieso du genau dieses Ziel erreichen möchtest. Was ist deine Motivation? Was versprichst du dir vom Ergebnis? Wie möchtest du dich fühlen? Wie, denkst du, wirst du dich auf dem Weg fühlen und wie, denkst du, fühlst du dich, wenn du das Ziel erreicht hast?

Den Spruch „Der Weg ist das Ziel" hast du bestimmt schon oft gelesen und natürlich geht es uns Menschen oft darum, überhaupt Ziele zu haben, um zu wachsen. Wenn wir dann auf dem Weg sind und uns weiterentwickelt haben, hat sich das Ziel schon verändert oder wir haben unterwegs ein anderes Ziel erreicht, das uns viel mehr zusagt. Das liegt daran, dass du mit der Zeit nicht nur wächst und deine Skills erweiterst, sondern dich selbst auch besser kennenlernst und deine Ziele dann eventuell anpasst. Zudem denke ich, dass es einfach damit zusammenhängt, dass es uns in Wirklichkeit um das Gefühl geht, was wir denken, was wir erreichen, wenn wir ein bestimmtes Ziel erreichen.

Im Moment zu leben und den Weg zu genießen ist gerade für Multitalente besonders wichtig, da wir so Glück in unserem Leben erfahren können. Wenn wir uns einmal nicht auf das Ziel fokussieren und schauen, ob wir irgendetwas erreicht oder zu Ende gebracht haben, sondern uns von gesellschaftlichen Vorstellungen und Erwartungen frei machen, können wir ziemlich oft im Flow sein und den Weg zu gewissen Zielen genießen, die sich dann natürlich auf dem Weg schon wieder ändern.

Eigentlich finden hochsensible Multitalente an so vielen Tätigkeiten Gefallen, sind so begeisterungsfähig und lieben es, neue Projekte zu starten, dass sie im Alltag viele Glücksmomente erzeugen können. Als hochsensibler Menschen kannst du zudem viele Emotionen in der Tiefe erleben und genießen, wie beispielsweise ein Geschmackserlebnis, wenn du in einem tollen Café oder Restaurant essen gehst.

Es lohnt sich zu versuchen, dich als hochsensibles Multitalent immer mehr so anzunehmen, wie du bist, und auch Selbstliebe für deine Fähigkeiten zu entwickeln.

Kapitel 8: Selbstliebe für hochsensible Multitalente

Als hochsensibles Multitalent finde ich es auch wichtig, mich mit dem Thema Selbstliebe zu beschäftigen. Selbstliebe ist genau wie Selbstvertrauen ein Teil des Selbstwertgefühls.

Ich finde die folgende Grafik hilfreich, um zu erkennen, dass Selbstliebe ein Prozess ist, der mit Selbstakzeptanz beginnt. Für mich persönlich ist es je nach Bereich auch vollkommen in Ordnung Selbstakzeptanz oder Selbstneutralität zu erreichen. Ich muss nicht jeden Tag alle Teile von mir lieben. Das halte ich für unrealistisch und übertrieben. Ich finde es allerdings wichtig, mir jeden Tag fair und respektvoll zu begegnen.

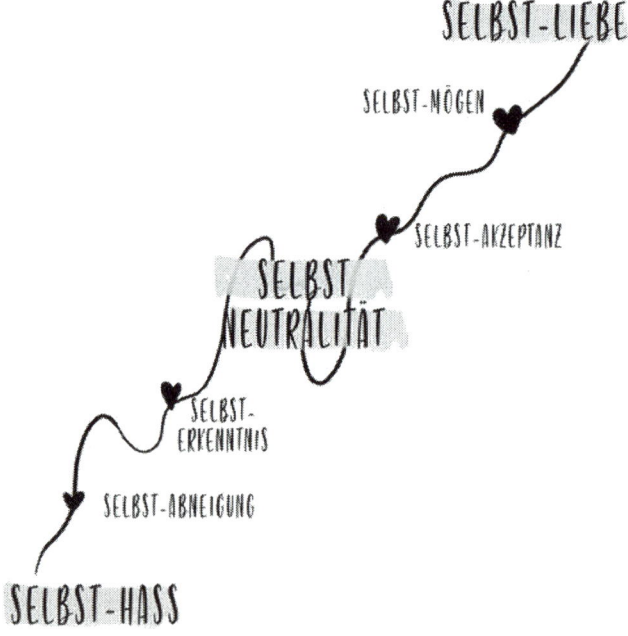

Was meine ich damit? Früher gab es öfter Zeiten, in denen ich nicht nett zu mir selbst gesprochen habe. Ich war manchmal richtig fies zu mir in meinem Kopf, habe mich runtergemacht und nicht respektiert. Ich dachte das wäre sinnvoll, um meine Motivation aufrechtzuerhalten, mich anzutreiben und mich selbst zu optimieren.

Inzwischen weiß ich es besser: Unsere Gedanken kreieren unsere Gefühle. Das heißt, wenn ich solche Gedanken mir selbst gegenüber pflege und mich innerlich so behandle, fühle ich mich überhaupt nicht gut – und motivierter irgendetwas zu leisten bin ich dadurch auch nicht.

Diese Tendenz in uns und diese negativen Glaubenssätze werden auch mit dem Konzept des/der inneren Kritikers/Kritikerin beschrieben. Wenn meine innere Kritikerin laut wird, frage ich mich, woher diese Stimme stammt. Ist es meine eigene oder habe ich diese Sätze von jemand anderem übernommen? Wovor will sie mich warnen? Was möchte sie von mir? Woher stammt diese Idee?

Oft sind diese Glaubenssätze, also Sätze, die wir als wahr erachten und übernommen haben, gar nicht von uns, sondern stammen von Bezugspersonen, die uns nahestehen und die eventuell meinen, dass wir uns auf eine gewisse Art und Weise verhalten sollen.

Ich habe mit der Zeit immer mehr an meiner Selbstakzeptanz gearbeitet. Zum Beispiel konnte ich meinen Körper früher nicht so akzeptieren und annehmen, wie er ist. Ich wollte, dass er anders aussieht und habe mich geweigert ihn anzunehmen, wie er ist. Ich habe also versucht in kleinen Schritten immer mehr Frieden mit meinem Körper und seinem Aussehen zu schließen. Dazu gehörte für mich auch, aufmerksam zu beobachten, wann und wieso meine innere Kritikerin angesprungen ist und was sie gesagt hat. Ich habe ihr dann Gegenargumente geliefert und nicht auf sie gehört. Wenn sie beispielsweise gesagt hat, dass ich heute Sport machen muss, habe ich ihr entgegnet, dass es in Ordnung sei, heute keinen Sport zu machen, wenn ich keine Lust habe. Ich habe mich nach und nach davon entfernt, dem Zwang meiner inneren Kritikerin nachzukommen.

Das Gleiche gilt für den Bereich Hochsensibilität. Am Anfang habe ich damit begonnen zu akzeptieren, dass ich anscheinend etwas anders ticke als andere Menschen. Ich habe akzeptiert, dass meine individuelle Belastungsgrenze, zum Beispiel was Lautstärke angeht, woanders liegt, als die Grenze anderer Menschen. Ich kann stark und auf eine Art belastbar und gleichzeitig hochsensibel sein.

Ich habe aufgehört, mit anderen Menschen mithalten zu wollen und mich mit ihnen zu vergleichen, was zum Beispiel auch die Freizeitgestaltung angeht, denn ich bin als hochsensible Person anders und möchte meine Grenzen nicht nur akzeptieren, sondern sie auch annehmen und für mich sorgen. Ich versuche mich und meine Bedürfnisse jeden Tag besser kennenzulernen und aus meinen Erfahrungen zu lernen, anstatt Signale meines Körpers zu übergehen. Ich nehme meine Hochsensibilität ernst und achte darauf, mich nicht zu überfordern und den Zustand der nervlichen Übererregung zu vermeiden.

Um als hochsensible Person glücklicher zu sein, ist ein gutes Selbstmanagement in Bezug auf deine Übererregbarkeit wichtig. Auch ich habe damit gehadert, dass ich schneller übererregt bin als andere Menschen, aber es ist als hochsensible Person nicht zu ändern. Ein wichtiger Schritt ist es, dich in dieser Hinsicht anzunehmen und so zu akzeptieren, wie du bist, mit all den vermeintlichen Grenzen, die dir durch deine leichte Übererregbarkeit auferlegt sind.

Überreizung des Nervensystems entsteht durch innerliche oder äußerliche Reize. Jede Aufgabe und jeder soziale Kontakt wirkt stimulierend. Wenn Konflikte auftauchen, ist der Reiz viel stärker. Überstimulation kann durch schwächere Dauerreize wie ständigen Autolärm im Hintergrund genauso entstehen wie durch starke, kurze Reize.

Ein vollgepackter Terminkalender kann überfordernd sein, auch wenn manche Termine wie ein Besuch im Yogastudio für Entspannung sorgen sollen. Im öffentlichen Raum gibt es heutzutage extrem viele Reize, da beispielsweise überall Werbung hängt. Zudem sorgen das Smartphone, das Internet, die sozialen Netzwerke und der Fernseher neben unserem normalen Alltag für viele weitere Reize.

Wie schon in Kapitel 2 erwähnt, wünscht sich jeder Mensch die ideale Auslastung, also nicht zu viele Reize, aber auch nicht zu wenige Reize. Wenn du als hochsensible Person übererregt bist, erkennst du es daran, dass du dich unwohl fühlst. Es ist ein diffuses Unwohlsein, bei dem du vielleicht auch eine innere Unruhe verspürst, das Gefühl hast aufgedreht zu sein, aber gleichzeitig bist du irgendwie „über den Punkt". Vielleicht hast du auch Kopfschmerzen, deine Gedanken schwirren und du bist angespannt.

Bei Übererregung hast du also zu viele Reize aufgenommen und dein Körper ist überfordert. Dadurch bist du nicht mehr so leistungsfähig wie sonst und dein Sozialverhalten kann sich verändern. Da du sonst empathisch und einfühlsam bist, kann es auch vorkommen, dass du bei Übererregung gereizt, abweisend und nicht mehr hilfsbereit und einfühlsam reagierst. Wenn du überreizt bist und diese letzten Reize „dein Fass zum Überlaufen bringen", kann es auch sein, dass du wütend wirst und ausrastest oder das Gegenteil passiert und du quasi implodierst und sich die Wut nach innen entlädt. Dann funktionierst du einfach nur wie ein Roboter und bist teilnahmslos und apathisch.

Es ist also ein Teil der Selbstakzeptanz und der Selbstliebe als hochsensible Person, deine Grenzen anzunehmen und Übererregung nicht als Dauerzustand hinzunehmen, sondern die Umstände zu verändern und ein Umfeld für dich zu schaffen, in dem es dir gut geht.

In Kapitel 5 habe ich schon das Thema Opferrolle beschrieben und möchte hier nochmals erwähnen, dass es unglaublich wichtig ist, Selbstverantwortung für dich und die Umstände zu übernehmen, die du in deinem Leben kreierst. Du kannst dein Leben verändern und es immer mehr so gestalten, wie du es dir wünschst, und wie es dir als hochsensibles Multitalent guttut.

Auch als Multitalent habe ich zuerst damit begonnen zu versuchen, mich so zu akzeptieren und anzunehmen, wie ich bin. Es ist oft eine Herausforderung anzuerkennen, dass ich anders bin und vermutlich nie immer nur einen Job ausüben werde und nur einem Interessengebiet nachgehen kann.

Wie in Kapitel 3 erwähnt, habe ich versucht zu akzeptieren und Frieden damit zu schließen, dass ich nicht DIE EINE Leidenschaft habe und es nicht DEN EINEN Job für mich gibt, der mich erfüllt und den ich dann für immer ausübe. Es ist vollkommen in Ordnung, wenn ich etwas nicht für immer mache. Das, was du beruflich machst, muss nicht deine Erfüllung sein! Vielleicht findest du Erfüllung im Privatleben und hast einen Job, der einfach „nur" in Ordnung ist. Ich habe immer mehr akzeptiert, dass ich viele Interessen habe, mich nicht für eine Sache entscheiden möchte und dass bei mir alles auch immer ein bisschen im Wandel ist und ich mich beruflich immer weiter verändern und entwickeln darf.

Auch als Multitalent muss ich nicht alles an mir lieben. Zum Beispiel liebe ich es nicht, mir einen neuen Job zu suchen und Bewerbungen zu schreiben, weil ich von einem Land in ein anderes Land gezogen bin, aber ich möchte auch diesem Teil meiner Persönlichkeit immer mit Respekt begegnen, mich so akzeptieren, wie ich bin, und das Beste daraus machen.

Gesellschaftlicher Einfluss

Leider ist es heutzutage immer noch so, dass in den Medien oft ein Bild von Frauen gezeigt wird, in dem es hauptsächlich darum geht, dass sie schön sein sollen. Dies wird zum Beispiel in der Werbung, in Magazinen, Fernsehsendungen oder auf Instagram sichtbar. Der Stereotyp, dass Frauen für Schönheit stehen und Männer stark sein sollen, ist also leider immer noch präsent in unserer Gesellschaft.

Bei mir persönlich und bei vielen Frauen in meinem Umfeld habe ich beobachtet, dass durch den Druck dem aktuellen Schönheitsideal zu entsprechen oft ein negatives Verhältnis zum eigenen Körper entsteht.

Als ich jünger war, wurde ich oft darauf angesprochen, wie ich aussah, und bekam nicht unbedingt Komplimente für meine Leistung, sondern wenn mir ein Kleidungsstück besonders gut stand oder wenn ich so aussah, als ob ich ein paar Kilo abgenommen hatte. Als ich Teenager war, lagen überall einschlägige Magazine wie *Cosmopolitan* oder *Jolie* herum, die, wie ich aus heutiger Sicht sagen kann, keine realistischen Körperbilder vermitteln und fragwürdige Tipps für mehr Schönheit propagieren.

Wenn wir als junge Frauen in diesem Umfeld aufwachsen, in dem direkt oder indirekt suggeriert wird, dass wir schön sein sollen, ist es verständlich, dass Glaubenssätze wie „Ich bin nicht schön genug" entstehen. Bei körperlichen Veränderungen entstehen Unsicherheiten, vor allem wenn diese dann auch noch von anderen Menschen kommentiert werden, da der Körper und die Veränderung nicht dem gängigen Schönheitsideal entsprechen.

Für mich war es ein langer Prozess, meinen Körper so anzunehmen und zu respektieren, wie er ist. Ich kann dir auf jeden Fall versichern, dass du nicht allein mit dem Thema bist, wenn du deinen Körper nicht magst und es für dich unrealistisch klingt, ihn zu lieben. Es ist nicht verwunderlich, dass du dich so fühlst, aber wenn du dir Zeit gibst und verstehst, woher diese Gedanken kommen, kann dein Verhältnis zu deinem Körper immer besser werden.

Inzwischen denke ich oft darüber nach, was mir mein Körper alles ermöglicht und was ich durch und mit ihm schon alles erleben durfte. Ich bin immer wieder überrascht, wie widerstandsfähig mein Körper ist und was er alles mit mir mitmacht. Ich finde es auch spannend darüber nachzudenken, wie unwahrscheinlich es eigentlich ist, dass genau ich so geboren wurde, wie ich bin. Die Chance liegt bei 1 zu 400 Billionen. Ich sehe meinen Körper inzwischen als mein Haus oder meine Hülle an, in dem meine Seele in diesem Leben wohnt. Ich komme hier nicht raus und das ist vollkommen in Ordnung. Stattdessen versuche ich, mich so gut es geht um mein Haus zu kümmern, damit ich noch lange, friedlich und möglichst glücklich darin wohnen kann.

Was generell helfen kann, mehr Selbstliebe zu entwickeln

Wie schon erwähnt, finde ich es generell hilfreich zu reflektieren, wie du in deinem Kopf selbst mit dir sprichst. Gehst du liebevoll mit dir um, bist für dich da und hast Verständnis für dich, wenn es nicht so gut läuft? All das, was du von guten Freunden erwartest, gehört auch zu einem guten Verhältnis zu dir selbst. Der Spruch „Sei dein*e eigene*r beste*r Freund*in" trifft es eigentlich ganz gut.

Auch Achtsamkeit hilft dabei, mehr Selbstliebe zu entwickeln und dir selbst mehr Aufmerksamkeit zu schenken. Dadurch merkst du manchmal auch, was eigentlich gerade genau dein Bedürfnis ist. Bei Achtsamkeitsübungen lenkst du die Aufmerksamkeit zum Beispiel auf deine Atmung und in verschiedene Teile deines Körpers. Du versuchst, im Moment anzukommen und zu schauen, wie genau sich beispielsweise gerade deine Hände anfühlen, welche Art von Oberfläche sie berühren und wie sie liegen.

Du kannst viele Tätigkeiten achtsam durchführen, denn es bedeutet hauptsächlich, im Moment anzukommen, genau zu spüren und aktiv zu tun, was du gerade tust. Gleichzeitig kommst du dadurch bei dir selbst an, denn im stressigen Alltag, kommt es manchmal leider vor, dass wir uns selbst und unseren Körper für eine Zeit lang vergessen. Du checkst sozusagen bei dir selbst ein, schaust wie sich die Teile deines Körpers gerade anfühlen, wie es dir geht und was du gerade brauchst.

Doch bei all diesen Themen geht es nicht um Selbstoptimierung. Ich versuche immer, mir keinen Druck zu machen. Wenn es an einem Tag mal nicht so gut läuft mit der Selbstakzeptanz oder der Selbstliebe, sehe ich jeden neuen Tag und jede neue Sekunde als Chance, neu zu starten und es besser zu machen. Nur weil es bisher auf eine gewisse Art und Weise lief, heißt das nicht, dass es immer so bleiben muss. Das ist kein Gesetz, daher habe ich an einem neuen Tag wieder die Chance, wie meine eigene beste Freundin mit mir zu sprechen und mich so liebevoll und verständnisvoll wie möglich um mich zu kümmern.

Ich versuche Selbstmitgefühl zu entwickeln und für mich zu sorgen, indem ich auch mal in meinem Kopf selbst mit mir spreche und Verständnis dafür zeige, dass es mir vielleicht gerade nicht so gut geht oder dass mir etwas schwerfällt. Dann überlege ich, was ich gerade für mich selbst tun kann, damit es mir etwas besser geht.

Das können ganz simple Dinge sein, zum Beispiel, indem ich versuche am Sonntag die Wohnung und meinen Schreibtisch aufzuräumen, sodass ich mir darüber zum Start der neuen Woche keine Sorgen machen muss. Ich bin gern gut vorbereitet, darum schaue ich mir sonntagnachmittags oder -abends auch immer meine Termine für die nächste Woche an, sodass ich genau weiß, was ansteht und an welchen Tagen ich besonders eingespannt bin oder besonders gut auf mich achten darf. Durch diese Vorbereitung und das Aufräumen am Sonntag bin ich am Montag und Dienstag meinem Vergangenheits-Ich dankbar, denn wenn die Wohnung aufgeräumt ist und ich meine Termine im Blick habe, fühle ich mich persönlich gut, wenn ich in die neue Woche starte.

Gibt es auch etwas, von dem du weißt, dass es dir in der nächsten Zeit helfen wird und worüber du deinem Vergangenheits-Ich garantiert dankbar bist? Dann überlege, wie du es vielleicht ab und zu in deinen Alltag integrieren kannst, um für dich zu sorgen und dir dein Leben so leicht wie möglich zu machen.

Das Thema Selbstliebe ist ein Prozess und immer wieder eine Übung. Dabei geht es nicht um Optimierung. Es ist ganz normal, sich mal weniger gut zu fühlen und es mal nicht so gut hinzubekommen, sich vorbildlich sich selbst gegenüber zu verhalten. Feiere die Momente, in denen du Liebe für dich selbst fühlst und beobachte, ohne dich zu verurteilen, die Momente, in denen du dich gerade nicht selbst lieben kannst.

Über die Zeit habe ich gemerkt, dass es für mehr Glück und Zufriedenheit sorgt, wenn ich an einer besseren Beziehung zu mir selbst arbeite und mir Aufmerksamkeit schenke. Ich habe nicht nur Argumente gefunden, die ich gegenüber meiner inneren Kritikerin verwende, sondern ich verteidige meine vielen Interessen, meinen ungeraden Lebenslauf und meine Hochsensibilität mit diesen Argumenten auch gegenüber anderen Menschen, die Dinge sagen, mit denen ich nicht übereinstimme.

Kapitel 9: Grenzen setzen & Balance finden

Als hochsensible Person ist das Thema Abgrenzung besonders wichtig für dich, da hochsensible Menschen besonders empathisch und mitfühlend sind. Sie haben oft die Lernaufgabe Nein zu sagen, wenn sie Nein meinen und sich nicht Erwartungen und Wünschen anderer Menschen hinzugeben, sondern erst einmal zu überlegen, was sie selbst möchten und was ihnen guttut.

Hochsensible Menschen haben nicht nur besonders feine Antennen und sind in Bezug auf hören, riechen, schmecken und sehen empfindlich, sondern diese Empfindsamkeit und Aufnahmefähigkeit bezieht sich auch auf das Thema Emotionen. Da hochsensible Menschen oft stark die Gefühle anderer Menschen wahrnehmen, fällt es ihnen besonders schwer, sich nicht darum zu kümmern und es der anderen Person recht zu machen.

Wieso fühlst du Gefühle von anderen Menschen?

Doch wieso ist das so? Wir sind empathisch und fühlen, was andere Menschen fühlen, da wir Spiegelneuronen haben. Wir leben mit unseren Mitmenschen in einem gemeinsamen, zwischenmenschlichen Bedeutungsraum. Dadurch können wir Absichten, Emotionen und Handlungen anderer Menschen intuitiv verstehen. Durch Empathie und Einfühlungsvermögen zu verstehen, was ein anderer Mensch fühlt und was seine Absicht ist, wird von Experten auch „Theory of Mind" genannt.[4]

Spiegelneuronen sorgen bei Menschen dafür, dass es eine neurobiologische Resonanz gibt: Wenn jemand eine Handlung beobachtet, wird bei ihm das gleiche neurobiologische Programm aktiviert, wie wenn er die Handlung selbst durch-

---

4 Vgl. Bauer, Joachim: Warum ich fühle, was du fühlst, 21. Auflage, München, Deutschland: Der Wilhelm Heyne Verlag, 2006, S. 16.

führen würde. Spiegelneuronen oder Spiegelnervenzellen sind also „Nervenzellen, die im eigenen Körper ein bestimmtes Programm realisieren können, die aber auch dann aktiv werden, wenn man beobachtet oder auf andere Weise miterlebt, wie ein anderes Individuum dieses Programm in die Tat umsetzt".[5]

Durch das Beobachten von jemandem, der traurig ist, werden wir auch selbst manchmal traurig. Natürlich spüren wir die Emotionen anderer Menschen in abgeschwächter Form, doch dies reicht manchmal schon, um sich emotional erschöpft zu fühlen. Zudem passiert es hochsensiblen Menschen manchmal, dass sie nicht merken, dass die Spiegelneuronen aktiviert sind und sie auf einmal ein bestimmtes Gefühl fühlen, von dem sie gar nicht wissen, woher es kommt, und das eigentlich nicht ihr eigenes ist.

Intuition funktioniert übrigens so, dass wir gesamte Handlungssequenzen kennen, die wir schon oft selbst erlebt oder beobachtet und somit abgespeichert haben. Während wir einen Teil einer Handlungssequenz bei jemandem beobachten, werden unsere Spiegelneuronen aktiviert und wir haben eine Vorahnung, das intuitive Gefühl, was darauf vermutlich folgen wird, da wir unbewusst den Gesamtablauf kennen. Unsere Intuition beruht also auf all unseren Erfahrungen, die wir bisher gemacht haben.

Für hochsensible Menschen finde ich es immer wieder wichtig, in sich selbst hineinzufühlen und zu beobachten, wie du dich vor einem Gespräch mit jemandem gefühlt hast und wie du dich danach fühlst. Dadurch kannst du zum Beispiel herausfinden, welche Gefühle du vorher nicht hattest und von deinem/deiner Gesprächspartner*in übernommen haben kannst.

Es ist auch vollkommen in Ordnung, Grenzen zu setzen und zu sagen, wenn du als hochsensible Person zum Beispiel gerade nicht die Kapazität hast, mit jemandem über ein belastendes Ereignis zu sprechen. Oder vielleicht möchtest du als hochsensible Person nicht mit jemandem reden, wenn die Person negativ über andere Menschen spricht, da du merkst, dass du diese Gefühle dann auch fühlst, es dir aber nicht guttut.

---

5 Vgl. ebd. S. 23.

Es ist wichtig zu erkennen, dass du Gefühle von anderen Menschen nicht annehmen und übernehmen musst, sondern sie auch zurückgeben kannst, indem du reflektierst, was deins ist und welche Gefühle der anderen Person gehören. Wenn es nicht deine Gefühle und Herausforderungen sind, kannst du sie auch nicht lösen. Das heißt, es ist wichtig deine eigenen Grenzen zu setzen, aber genauso wichtig ist es, die Grenzen anderer Menschen zu beachten und ihnen selbst zuzutrauen, mit ihren Gefühlen umzugehen.

Menschen in deinem Umfeld zufrieden stellen und glücklich machen

Ich weiß, dass es für viele hochsensible Menschen eine Herausforderung ist, es auszuhalten, die Gefühle von anderen Menschen in abgeschwächter Form selbst zu fühlen und der Person nicht wirklich helfen zu können oder die Situation in Ordnung zu bringen, sodass diese Person sich anders fühlt.

Wenn du selbst eine Herausforderung im Leben hast, dich dieser Herausforderung stellst und eine Lösung findest, spürst du Selbstwirksamkeit. Du kannst selbst etwas in deinem Leben bewirken und erreichen und dein Selbstvertrauen steigt, da du merkst, dass du Situationen und Herausforderungen aus eigener Kraft erfolgreich bewältigen kannst.

Wenn du versuchst für jemand anders seine/ihre Herausforderungen zu lösen, ist es meistens nicht die richtige Lösung für die Person, da es DEINE Lösung und deine Sicht auf die Dinge ist. Zudem entsteht kein Lernprozess, sodass die Lösung oft nicht nachhaltig wirkungsvoll ist, sondern nur von kurzer Dauer. Zudem fühlt sich die Person, für die du die Gefühle „wegmachen" wolltest, nicht, als ob sie in ihrer Kraft ist und die Herausforderung bewältigt hat.

Natürlich ist es gut, für andere Menschen da zu sein und sie zu unterstützen, doch gerade für hochsensible Menschen ist es wichtig, hier für sich selbst und für andere Menschen eine gute Grenze zu setzen. Es kann sogar egoistisch sein, bei jemand anderem etwas im Leben verändern zu wollen, weil du die Gefühle, die du durch die Spiegelneuronen in abgeschwächter Form auch fühlst, nicht aushalten möchtest. Oft ist es wichtig, auch mal eine Situation so stehen zu lassen und den Raum zu halten. Es gibt nicht für alles immer eine Lösung und herausfordernde Gefühle gehören zum Leben dazu. Es ist wichtig, als hochsensible Person anzuerkennen, was in welcher Beziehung deine Aufgabe und was nicht deine Entscheidung ist. Jede Person kann ihr Leben so führen, wie sie möchte, auch wenn es manchmal sehr herausfordernd sein kann, dabei zuzuschauen.

Für alle Menschen, die sich nur gut fühlen, wenn sie andere Menschen zufriedenstellen, glücklich machen, helfen und sich um sie kümmern, ist es wichtig zu erkennen, dass jede*r sich nur selbst helfen kann. Vielleicht ist das Thema Co-Abhängigkeit in Beziehungen noch ein interessantes Konzept für dich, das du dir anschauen kannst, wenn du dich selbst als „People Pleaser", also jemanden, der alle Menschen um sich herum zufriedenstellen möchte, ansiehst.

Bei dir zu bleiben, für dich zu sorgen und dich um deine eigenen Gefühle zu kümmern, kostet dich als hochsensible Person vielleicht auch schon genug Energie, sodass es auch angenehm sein kann, die Gefühle anderer Personen zwar mitzubekommen, sich jedoch nicht dafür verantwortlich zu fühlen und darum kümmern zu müssen.

Es ist wichtig zu verstehen, dass jede Person für ihre eigenen Gefühle verantwortlich ist und dass jedem Menschen seine Gefühle gehören. Darum ist es auch nicht sinnvoll zu sagen, dass jemand anderes dafür verantwortlich ist, dass du dich schlecht fühlst oder dass du glücklich bist.
Deine eigenen Gedanken und deine Erfahrungen aus der Vergangenheit sorgen dafür, wie du dich in jeder Situation fühlst, denn eine andere Person würde sich in genau der gleichen Situation vielleicht ganz anders fühlen.

Das Positive daran ist, dass du auch nicht dafür verantwortlich bist, wenn du eine Grenze setzt und Nein sagst und andere Menschen dann sagen, dass sie sich deswegen schlecht fühlen. Abgrenzung hat oft mit dem Thema Projektionen zu tun, daher möchte ich im Folgenden genauer darauf eingehen, was eine Projektion eigentlich ist.

Was sind Projektionen?

Alle Menschen haben Sonnen- und Schattenseiten. Eine Schattenseite ist ein Anteil deiner Persönlichkeit, den du noch nicht beleuchtet hast. Du hast also eine bestimmte Eigenschaft, die du noch nicht anerkannt hast und von der du noch nicht akzeptiert hast, dass du auch diese bist. Das sind natürlich oft Anteile in uns, die wir nicht wahrhaben wollen.

Um ein Beispiel zu nennen: Du bist fleißig und das ist deine Sonnenseite. Dir ist das bewusst und du akzeptierst diesen Teil deiner Persönlichkeit und nimmst ihn an. Gleichzeitig bist du auch ungeduldig, doch das möchtest du nicht so wirklich wahrhaben und verdrängst diese Eigenschaft von dir.

Der Psychologe C. G. Jung spricht von Individuation und er meint damit, dass ein Mensch immer mehr er selbst wird, auf eine Art ganz wird und zu seinem Wesenskern zurückfindet, je mehr er alle seine Anteile, also auch seine Schattenseiten und seine ungeliebten Eigenschaften, annimmt. Im Beispiel könnte es also so aussehen, dass du dich einmal hinsetzt, wenn du dich ungeduldig fühlst, und das Gefühl erforschst. Oder du fängst an, es immer mehr anzunehmen und vielleicht auch zu hinterfragen, aus welchen Gründen du eine bestimmte Eigenschaft hast und wie sie dir dient, also inwiefern es für dich praktisch sein kann, ungeduldig zu sein. Vielleicht bist du dadurch noch fleißiger, weil du dir schnelle Ergebnisse wünschst und schreibst, wenn du auf Jobsuche bist, pro Woche 15 Bewerbungen?

Menschen können Schattenanteile in sich selbst schlecht entdecken, daher zeigen sie sich immer, indem wir sie auf andere Leute projizieren wie ein Film auf eine Leinwand. Es fällt uns viel leichter, an anderen Menschen vermeintlich negative Eigenschaften zu entdecken und anderen Menschen etwas „vorzuwerfen", als uns selbst hierüber bewusst zu werden. Du triffst also vielleicht eine Freundin von dir und sie sagt oder macht etwas Bestimmtes, das dich unbewusst an einen Teil deiner Persönlichkeit erinnert, den du allerdings noch nicht ins Bewusstsein geholt hast. Du fühlst dich in der Situation auf eine Art von ihr provoziert, angegriffen oder „getriggert" und spürst starke Emotionen, vielleicht sogar Wut.

An dieser Stelle ist es nicht wichtig, welche Person etwas gesagt oder getan hat, was bei dir die Projektion ausgelöst hat. Es kann auch jemand sein, den du gar nicht kennst und dem du nur auf Instagram folgst. Vielleicht reagierst du auf eine Art und Weise, die nicht ganz du selbst ist. Auf jeden Fall lohnt es sich, dir in diesem Fall die folgenden Fragen zu stellen:

- Was hat das mit mir zu tun?
- Wieso rege ich mich darüber auf?
- Rege ich mich auf, weil ich genauso bin, es aber noch nicht annehmen möchte?
- Oder rege ich mich auf, weil ich genauso sein möchte?

Du projizierst in diesem Fall Anteile deines Schattens auf eine andere Person. Das Gute daran ist aber, dass diese Schattenanteile dadurch für dich sichtbar werden und du sie jetzt annehmen und in deine Persönlichkeit integrieren kannst. Sie gehören zu dir und du bist fleißig und ungeduldig. Vielleicht bist du auch empathisch und empfindlich. Ich bin der Meinung, dass zu jeder positiven Eigenschaft auch eine Eigenschaft gehört, die weniger positiv ausgelegt wird. Niemand kann nur Sonnenseiten haben und es lohnt sich wirklich, dir deine Schattenseiten genauer anzusehen und so immer mehr zu dir selbst zu finden und dich so zu akzeptieren, wie du bist.

Genauso wie du deine Schattenanteile auf andere Menschen projizierst, reagieren umgekehrt auch die anderen mit Projektionen auf dich, dies zum Beispiel oft beim Thema *Abgrenzung*, da sie vielleicht auch gern „Nein" sagen und auf sich aufpassen würden und in dem Fall am liebsten so wären, wie du gerade erscheinst. Gib in diesem Fall die Anmerkungen an die betreffende Person zurück, statt sie anzunehmen. Eine Projektion einer anderen Person hat genau wie ihre Gefühle nur mit ihr selbst zu tun. Du dienst in diesem Fall nur als Leinwand, es hätte genauso gut eine andere Person treffen können.

Gerade wenn du nicht der Norm entsprichst und als Multitalent viele Leidenschaften auslebst, kann das bei anderen Menschen Projektionen hervorrufen. Ich habe schon so etwas gehört wie „Du bist ein Wendehals!". Laut Wörterbuch ist das umgangssprachlich abwertend gemeint und bedeutet: „jemand, der aus Opportunismus (plötzlich) das politische Lager wechselt". Also ist damit eine Person gemeint, die ein Fähnchen im Wind ist und sich immer so ausrichtet, dass sie den meisten Wind abbekommt.

Ich fand den Kommentar nicht nett, mir war aber schnell bewusst, dass es dabei nicht um mich geht, denn ich bin in Ordnung so, wie ich bin und weiß, dass ich feste Werte vertrete. Ich ändere manchmal meine Lebensumstände, da ich als Multitalent viele Interessen habe, aber ich persönlich sehe darin kein Problem.

Warum denke ich, dass es sich dabei um eine Projektion handelt? Viele Menschen fühlen sich, als ob sie in ihrem Leben feststecken, und würden gern etwas an ihren Lebensumständen verändern. Da ist es leicht, auf eine Art wütend und abwertend zu reagieren, wenn jemand miterlebt, dass ich ganz frei mein Leben lebe und mache, was ich will. Job wechseln? Im Ausland leben? Nein sagen und meine Wahrheit sprechen? Was fällt mir ein! All das wirkt oft wie ein Verhalten, auf das jemand leicht projizieren kann, da er/sie in gewisser Weise in manchen Bereichen gern genauso wäre wie ich.

Wenn du neidisch auf jemanden bist oder jemanden bewunderst und so sein möchtest wie er/sie, ist das auch eine Projektion. Du projizierst also Persönlichkeitsanteile, die du als positiv ansiehst, auf die andere Person. Auch vermeintlich Positives kann im Schatten liegen und noch nicht von dir anerkannt worden sein. Das Gute daran, jemanden zu erhöhen, ist also, dass du diese Eigenschaften selbst auch in dir trägst und genauso sein kannst oder das machen kannst, was du bewunderst oder auf das du neidisch bist.

Es passiert also täglich, dass sowohl du auf andere Menschen projizierst als auch andere Menschen etwas sagen, das nichts mit dir zu tun hat, sondern nur mit ihren eigenen Schattenanteilen und Wünschen, die sie selbst noch nicht anerkannt und integriert haben.

Welche Arten von Grenzen gibt es?

Jetzt möchte ich noch einmal genauer auf das Thema Abgrenzung zu sprechen kommen. *Sich abgrenzen* bedeutet, dass du Regeln festlegst, wie du mit anderen Menschen umgehen möchtest und wie sie mit dir umgehen sollen. Du sagst also, wann dein Limit erreicht ist und was dir zu viel ist.

1. Emotional
2. Materiell
3. Zeit/Energie
4. Mental
5. Physisch/körperlich

Es gibt verschiedene Arten von Grenzen, die wir in unserem Leben setzen und einhalten können. Die erste sind emotionale Grenzen und betrifft zwischenmenschliche Beziehungen, in denen deine Gefühle nicht anerkannt werden und vielleicht so etwas gesagt wird wie „So kannst du dich aber nicht fühlen." Dabei wird übersehen, dass niemand weiß, wie sich jemand anderes fühlt, und dass jeder Mensch unterschiedlich ist. Zu emotionalen Grenzen gehören auch Gespräche, in denen du dich rechtfertigen und Beweise bringen musst, warum du dich so fühlst, wie du dich fühlst. Zudem gehört „Emotionen abladen" in diesen Bereich. Damit meine ich, dass dir Menschen ungefragt emotional belastende Dinge erzählen, obwohl du vielleicht gerade nicht verfügbar bist, keine Kapazitäten hast oder ihr euch gar nicht so nahesteht, weil ihr zum Beispiel nur Kolleg*innen seid, sodass es nicht angemessen ist, über bestimmte, persönliche Dinge zu sprechen oder sehr persönliche Fragen zu stellen. Manchmal passiert es in Beziehungen von Eltern und Kindern auch, dass Eltern unangebrachte Informationen teilen oder bei den Kindern „abladen".

Der zweite Bereich, in dem wir in unserem Leben Grenzen setzen können, betrifft Materielles. Hierbei geht es um Gegenstände, die dir gehören. Vielleicht werden sie von anderen Menschen schlecht behandelt oder ungefragt ausgeliehen. Oder es kann auch generell ein Thema sein, welche Gegenstände du überhaupt an wen verleihen möchtest und welche Gegenstände nur für dich zur Verfügung stehen sollen.

Beim dritten Bereich geht es um Zeit bzw. Energie. Hier geht es bei Grenzen oft darum, dass du Pläne mit jemandem gemacht hast und jemand sich nicht daran hält. Wenn eine Person zum Beispiel häufig zu spät kommt oder gar nicht kommt, obwohl ihr euch verabredet habt, wird deine Grenze in Bezug auf Zeit und Energie überschritten. Zum Thema Zeit gehört auch der Bereich kostenlos oder ehrenamtlich zu arbeiten. Vielleicht fragen dich Bekannte oft um Hilfe, da du Skills hast, die besonders praktisch sind (zum Beispiel als Grafikdesigner*in oder Mechaniker*in). Auch in diesem Bereich kannst du Grenzen setzen und Regeln bestimmen, wie du mit anderen Menschen umgehen möchtest.

Der vierte Bereich, in dem es wichtig ist, sich abzugrenzen, ist der mentale Bereich. Dabei geht es um Meinungen, Gedanken, Werte und Überzeugungen. Je nachdem, wie dein familiäres Umfeld war, in dem du aufgewachsen bist, hast du gelernt, dass es in Ordnung ist, eine andere Meinung zu haben. In einer zwischenmenschlichen Beziehung können sich die Menschen lieben und sich einig darüber sein, in verschiedenen Punkten absolut nicht die gleiche Meinung zu haben. Das klingt so selbstverständlich, doch manchmal kommt es vor, dass ein „Wir" durch eine gemeinsame Meinung gebildet wird und du nur weißt, dass du geliebt wirst und dazu gehörst, wenn du die Meinung teilst.

Der fünfte und letzte Bereich, den ich in Bezug auf Grenzen erwähnen möchte, ist der physische bzw. körperliche Bereich. Hierbei geht es darum, dass du selbst bestimmen kannst, wie viel Nähe du von einer Person möchtest, ob du zum Beispiel einen Kuss auf die Wange, eine Umarmung oder ein Anfassen am Arm magst oder es dir eigentlich unangenehm ist. Zum körperlichen Bereich gehören auch ungewollte sexuelle Erfahrungen sowie Kommentare zu deinem Körper.

Wie kannst du neue Grenzen setzen?

1. Grenzen definieren
2. Aussprechen
3. Aufrechterhalten

Bei neuen Grenzen ist der erste Schritt, dass du sie definierst. Im zweiten Schritt sprichst du sie gegenüber der Person aus, mit der du die zwischenmenschliche Beziehung hast, bei der du eine Grenze verändern möchtest. Im dritten und letzten Schritt erhältst du die Grenze aufrecht und machst das, was du angekündigt hast.

Das klingt so leicht, doch du hast, genau wie ich, sicherlich auch die Erfahrung gemacht, dass es Überwindung kostet und schwerfallen kann, eine neue Grenze zu setzen. Bei zwischenmenschlichen Beziehungen werden die Regeln und Grenzen, also was in Ordnung ist und was nicht, immer am Anfang einer neuen Beziehung gesetzt. Wenn du dann etwas verändern möchtest, weil du zum Beispiel merkst, dass eine Person dir ungefragt viele, emotional belastende Dinge erzählt, obwohl ihr nur Kolleg*innen seid und du das eigentlich gar nicht wissen möchtest, ist erst einmal damit zu rechnen, dass es der anderen Person nicht unbedingt gefällt, dass du diese Grenze errichten möchtest, da es ihr so gefällt, wie es gerade ist.

Daher ist es wichtig, die Reaktion auf Schritt zwei „deine Grenze aussprechen" nicht an dich heranzulassen. Diese Person war es gewohnt, dass du dich auf eine bestimmte Art und Weise ihr gegenüber verhalten hast und jetzt möchtest du das nicht mehr. Dabei entsteht oft Gegenwind und es kommt zu einem Konflikt. Wichtig dabei ist, dass du bei dir selbst bleibst, dich auf dich konzentrierst und keinen Rückschritt mit deiner neuen Grenze machst, unabhängig davon, wie die andere Person reagiert.

Es ist eine herausfordernde Situation für dich, die neue Grenze auszusprechen, da du vielleicht Schuldgefühle empfindest oder dir egoistisch vorkommst. Dies ist nicht der Fall, doch in diesem Moment kann es dir so vorkommen. Die andere Person ist für ihre eigene Reaktion und ihre eigenen Gefühle verantwortlich und kann sich um sich selbst kümmern. Du hast genug damit zu tun, dich um dich selbst zu kümmern. Es ist hier wichtig, auszuhalten, dass dein Gegenüber vielleicht kein Verständnis für dich zeigt und auf eine Art und Weise reagiert, die du lieber vermeiden möchtest.

Im dritten Schritt ist es wichtig, die Grenze aufrechtzuerhalten, denn nur dadurch kann sich die zwischenmenschliche Beziehung verändern. Es kann nach einiger Zeit eine ganz neue Dynamik entstehen, die du während der herausfordernden Phase noch nicht vorhersehen konntest. Überlege dir, was deine Motivation ist, um diese Grenze zu setzen und denke immer wieder daran, wenn es für dich schwierig wird.

Um zum Beispiel zurückzukommen: Meine Motivation, meiner Kollegin eine emotionale Grenze zu setzen, ist, dass es mich zu viel Energie kostet, wenn mir meine Kollegin während der Arbeit immer ungewollt von ihren belastenden Problemen erzählt. Ich bin hochsensibel und sehr empathisch und es wird mir zu viel, mich auf die eigentliche Arbeit mit Menschen zu konzentrieren und gleichzeitig ihre Probleme geschildert zu bekommen. Ich möchte also meine Energie und meinen Frieden schützen. Gleichzeitig ist es mir wichtig, zu definieren, welche Rollen und welche Beziehung wir zueinander haben. Ich bin eine Kollegin, nicht ihre Freundin, ihre Mutter, ihre Psychologin oder sonst irgendetwas.

Egal was die andere Person alles versucht oder sagt, damit wieder der Zustand erreicht wird, den ihr vorher in eurer zwischenmenschlichen Beziehung hattet – bleibe bei deinen Grenzen. Diese Phase braucht Geduld und kann unangenehm sein, doch durchzuhalten lohnt sich, denn dadurch entsteht eine neue Beziehungsdynamik. Veränderung braucht Zeit.

Wenn du dich noch nicht traust, in einer bestimmten Beziehung eine Grenze zu setzen, kannst du dir diese Fragen stellen: Was befürchtest du? Wovor hast du Angst?
Ich in meinem Beispiel habe befürchtet, dass meine Kollegin nicht versteht, wieso

ich das sage und stattdessen versteht, dass ich sie nicht mag. Ich hatte auch Angst vor einem Konflikt. Dennoch gilt für mich in diesem Beispiel das, was Susan Jeffers als Buchtitel gewählt hat: „Feel the fear and do it anyway". Ich fühle also das Gefühl der Angst und mache es trotzdem, denn für mich ist es wichtig, diese emotionale Grenze gerade als hochsensible Person deutlich zu errichten.

Typische Berufe für hochsensible Personen & Abgrenzung

Viele hochsensible Menschen möchten gern helfen und suchen sich darum besonders oft Berufe oder Branchen aus, in denen dies möglich ist. Zum Beispiel arbeiten viele Hochsensible in sozialen Berufen und mit Menschen. Das kann besonders erfüllend sein, doch gerade, wenn du im beruflichen Alltag viel mit Menschen zu tun hast, ist es auch hier eine Lernaufgabe, Grenzen zu setzen und deine Limits anzuerkennen und zu kommunizieren.

Typische Berufe sind zum Beispiel Krankenpfleger*in, Ärztin/Arzt, Lehrer*in oder Erzieher*in, Coach oder Berater*in. Als hochsensible Person ist deine Empathie sehr praktisch für diesen Bereich, da du schnell erkennst, wie es den Menschen um dich herum geht. Gleichzeitig nimmst du mit deinen feinen Antennen besonders viel auf, was sowohl mental als auch emotional oder physisch zu viel und zu erschöpfend für dich werden kann.

Es kann sehr erfüllend für hochsensible Multitalente sein, in direktem Kontakt mit Menschen zu arbeiten, aber es ist hier auch besonders wichtig, auf dich aufzupassen, dich abzugrenzen und Nein zu sagen, wenn du ein Nein fühlst.

Eine Achtsamkeitsübung, die du regelmäßig im Laufe des Tages machen kannst, ist einmal kurz in dich zu gehen und deinen Körper und alle Körperteile durchzugehen, um zu schauen, wie es dir gerade geht und was du gerade brauchst. Vielleicht ist es möglich auch im Arbeitsalltag eine Mini-Pause einzulegen, wenn es das ist, wonach du dich gerade sehnst.

Zudem ist es sinnvoll, am Ende der Woche und am Ende des Monats (also vor allem regelmäßig) zu reflektieren, wie gut du auf deine Energie aufpasst und wie gut du deinen Energiehaushalt managst. Bist du vollkommen erschöpft nach der Arbeit oder war es zwar anstrengend für dich, aber du hast auch noch Energie für dich übrig? Wie gut hast du zum Beispiel am heutigen Tag auf einer Skala von 1 bis 10 deinen Energiehaushalt gemanagt?

Wenn du dabei regelmäßig feststellst, dass du überfordert bist, ist es wichtig herauszufinden, woran das liegt und wie du kurzfristig, aber auch langfristig Veränderungen herbeiführen kannst.

Generell ist es beim Thema *Grenzen setzen* in allen Beziehungen und Bereichen deines Lebens immer wieder wichtig ganz aktiv zu überprüfen, wie es dir damit gerade geht, und dann zu schauen, was du anpassen und verändern kannst, um immer mehr zum Ideal zu kommen, das du für dich ganz persönlich festlegst.

Kapitel 10: Vielfältig glücklich

Als hochsensibles Multitalent mit feinen Antennen und unzähligen Ideen glaube ich, dass du vielfältig glücklich werden kannst. Damit meine ich, dass es immer mal wieder neue Projekte und Ideen gibt, die dich glücklich machen, bei denen du aber keine Ewigkeit dabeibleibst. Gleichzeitig gibt es unzählig viele Arten, auf die du glücklich sein kannst, da du viele Facetten hast, begeisterungsfähig bist und dich immer wieder neu erfinden kannst. Es hat also durchaus etwas Positives, nicht DIE EINE Berufung zu haben, sondern mehrere.

Ich weiß, wie schwer es sein kann, eine Balance im Alltag zu finden, da du dich als hochsensibler Mensch manchmal einfach nur nach Ruhe, Geborgenheit und einem sicheren, stabilen Umfeld sehnst. Gleichzeitig möchte ein anderer Teil in dir neue Herausforderungen erleben und wünscht sich, neue Reize zu erfahren. Ob du eher zu Nervenkitzel und Abenteuer, Erlebnissen, Enthemmung oder Anfälligkeit für Langeweile tendierst – deine Seite als High Sensation Seeker steht auf jeden Fall im Gegensatz zu deiner Hochsensibilität.

Dass du bei diesem schwierigen Balanceakt auch immer wieder Phasen hast, in denen du merkst, dass du dir zu viel aufgeladen oder zu viele Projekte losgetreten hast, die so richtig ins Rollen kommen, sodass du aufpassen musst, dass sie dich nicht überrollen, ist meiner Meinung nach ganz normal. Ich versuche dem entgegenzuwirken, indem ich ganz regelmäßig nochmal eincheck und schaue, wie es mir gerade geht, was sich geändert hat und ob es gerade zu viel Action ist oder ich mich selbst zu wenig fordere und mir zu wenig zutraue.

Ich habe gelernt, dass ich gut planen muss, denn wenn ich nur spontan entscheide, auf welche Projekte ich gerade Lust habe und damit anfange, wird es bei mir auf jeden Fall zu viel auf einmal, da ich so begeisterungsfähig bin und Neuanfänge liebe.

Ich habe als hochsensible Person akzeptiert, dass es Mitmenschen gibt, die nicht verstehen können, wieso ich so bin, wie ich bin. Um in der Gesellschaft klarzukommen und auf mich aufzupassen, musste ich lernen, meine Wahrheit zu sprechen und Nein zu sagen, wenn ich Nein meine. Zum Thema *Grenzen setzen* gehört es für mich auch, Grenzen bei meinen eigenen Projekten zu erkennen und eine Grenze zwischen Arbeit und Freizeit zu ziehen.

Da ich weiß, dass ich mir nicht spontan drei Wochen freinehmen werde, versuche ich inzwischen Urlaube langfristig vorher einzuplanen, sodass ich dann auch sicher weiß, dass ich nicht gerade voller Elan an einem Projekt arbeiten möchte, sondern mir die Projektphasen anders und passend einteile.

Mit der Zeit und mithilfe von Reflexion, Übungen und Austausch lernst du dich als hochsensibles Multitalent immer besser kennen und weißt, wie du noch besser für dich sorgen kannst und dir gleichzeitig ein bisschen mehr das Leben erschaffen kannst, was du dir wünschst. Es ist wichtig, sich immer aktiv Zeit für Dinge zu nehmen, von denen du sicher weißt, dass sie dir guttun, wie ein Waldspaziergang, ein Besuch in deinem Lieblingscafé oder Zeit mit Tieren.

Ich hoffe du konntest ein paar Denkanstöße aus diesem Buch für dich mitnehmen, auch wenn ich weiß, dass ich aus meiner Perspektive schreibe und deine Erfahrungen als hochsensible Person mit vielen Interessen sich sicherlich von meinen Erfahrungen unterscheiden.

Zudem hoffe ich, dass du aus dem Buch für dich mitnehmen konntest, dass du mit diesen Herausforderungen und deiner Persönlichkeit nicht allein bist, auch wenn es manchmal so scheint, da wir definitiv nicht die Mehrheit der Gesellschaft ausmachen und oft unkonventionelle Ideen und Lebensläufe haben.

Als hochsensibles Multitalent bist du ein wandelbares Chamäleon in der Gesellschaft und es tut dir gut, all deine Facetten anzunehmen und dich selbst nicht unter Druck zu setzen, einen bestimmten Weg zu gehen und dabei bleiben zu müssen. Daran muss ich mich selbst immer wieder erinnern. Mein Motto ist es, kreativ zu leben, was auch immer das in jedem Moment für mich heißen mag.

Ich wünsche dir alles Liebe und freue mich von Herzen, dass ich in diesem Buch meine Gedanken und Erfahrungen mit dir teilen durfte.

Deine Jacqueline

Literaturverzeichnis

Aron, Elaine N.: Sind Sie hochsensibel?, Heidelberg, Deutschland: mvgVerlag, 2005.

Bauer, Joachim: Warum ich fühle, was du fühlst, 21. Auflage, München, Deutschland: Der Wilhelm Heyne Verlag, 2006.

Cameron, Julia: Der Weg des Künstlers, Jeremy P. Tarcher, 1992.

Dweck, Carol S.: Mindset – Changing the way you think to fulfil your potential, London, England: Robinson, 2017.

Hensel, Ulrike: Hochsensible Menschen im Coaching, 1. Auflage, Paderborn, Deutschland: Junfermann Verlag, 2015.

Sher, Barbara: Du musst dich nicht entscheiden, wenn du tausend Träume hast, 2. Auflage, München, Deutschland: Deutscher Taschenbuch Verlag, 2008.

Tracy, Brian: Eat that frog: 21 Wege, um sein Zaudern zu überwinden und in weniger Zeit mehr zu erledigen, GABAL, 2002.

Zuckerman, Marvin: Sensation Seeking: Beyond the Optimal Level of Arousal, New York: Psychology Press, 2015.

Printed in Poland
by Amazon Fulfillment
Poland Sp. z o.o., Wrocław

72089259R00061